Le PACS
entre haine et amour

DU MÊME AUTEUR

Deux femmes au royaume des hommes,
en collab. avec Geneviève Fraisse
et Ghislaine Ottenheimer,
Hachette Littératures, avril 1999.

ROSELYNE BACHELOT-NARQUIN

Le PACS
entre haine et amour

PLON

ISBN : 2-259-19143-6

À Christian

Retour en arrière

« Plus tard, on verra que notre pays est mort à l'automne 1998. »

V.W. (et non pas Nostradamus).

Des journalistes, des philosophes, des sociologues, des historiens tentent encore d'expliquer l'incroyable déchaînement de passions dont le débat sur le Pacte civil de solidarité fut l'occasion. Des dizaines d'étudiants en gestion, en communication, en droit, en journalisme, en sciences politiques ont décidé d'y consacrer des thèses ou des mémoires. Ces lignes leur sont dédiées et quand tout cela sera oublié, ce qui devrait bien prendre quelques semaines, nous rirons ensemble de ces folies qui saisissent parfois notre peuple sans qu'on puisse corréler l'émotion soulevée avec l'importance réelle de l'événement, la Coupe du Monde est là pour en témoigner. Dans la presse, à la tribune de l'Assemblée, au comptoir des bistros, on a jugé *« que l'on touchait aux fondements de la société »*, *« qu'un vent révolutionnaire soufflait sur notre pays »*, *« que demain ne serait plus jamais pareil »*, *« qu'il y aurait désormais une France avant et après PACS »*. Il est d'ailleurs significatif que partisans et adversaires du projet utilisent quasiment les mêmes mots et les mêmes phrases pour glorifier ou vilipender le texte.

Le Pacte civil de solidarité ne méritait ni cet excès d'honneur ni cette indignité.

Il est né au début des années 1990 avec les travaux d'un collectif animé par Jan-Paul Pouliquen. Baptisé Contrat d'union civile ou d'union sociale et même, par la suite, d'union civile et sociale, il s'acquiert le mérite de n'intéresser personne et les promoteurs du projet se font proprement envoyer au bain par Pierre Bérégovoy en 1992. Ne se décourageant pas, Jan-Paul Pouliquen et quelques autres dont le juriste Gérard Bach-Ignasse font la tournée des popotes, ne rencontrant ni animosité ni enthousiasme, mais plutôt une indifférence polie. Quand, intéressée par le texte, je suscite une réunion où j'invite tous mes collègues du RPR pour en débattre, aucun ne vient mais je ne reçois ni critique ni protestation.

En sous-main, deux groupes d'influence travaillent : d'un côté des associations homosexuelles qui ont vu dans cette proposition une piste à creuser pour répondre aux difficultés de leur vie quotidienne, et de l'autre des catholiques intégristes qui ne manquent pas de réagir très fermement quand les homosexuels montent au créneau. Mais à ce stade du débat, il serait bien trop simpliste d'opposer deux camps.

Ce qu'il est convenu maintenant d'appeler le « lobby homosexuel » est, en fait, très divisé et, prenant en tenaille le collectif, on trouve, d'une part, les anarcho-libertaires condamnant la morale bourgeoise et une structure soupçonnée d'attenter à la totale liberté des mœurs, et, d'autre part, les tenants du mariage homosexuel sur le mode scandinave qui estimaient le projet bien minimaliste.

Dans le réseau catholique, si les ultras ont démarré au quart de tour, la notion d'un contrat de compagnonnage suscite plutôt de la bienveillance quand je l'explique à des prêtres amis qui m'encouragent à pousser plus loin la réflexion. Ils y mettent en général trois conditions : ne pas revêtir le caractère symbolique du mariage, ne pas le concurrencer par des dispositifs sociaux et fiscaux équivalents, ne pas être une structure d'accueil de l'enfant. Ils définissaient ainsi à l'avance ce que sera le PACS.

Toutes ces réflexions continuaient de mitonner dans des cercles somme toute assez confidentiels quand va survenir l'événement de la dissolution d'avril 1997. À droite, finalement, c'est simple : le chef de la majorité est le Premier ministre en exercice, il suffira pour les candidats d'assurer que dorénavant, on continue. D'ailleurs, les sondages promettent une large victoire.

À gauche, c'est la panique ; on pensait pouvoir bénéficier encore d'une grande année pour préparer un programme et voilà qu'il faut l'élaborer en quelques jours. Mais à quelque chose malheur est bon, c'est le moment de promouvoir quelques grosses bousines démagogiques en toute tranquillité puisqu'on est sûr de perdre : les 35 heures, 350 000 emplois-jeunes dans le public et 350 000 dans le privé. On garnit le sapin de Noël de guirlandes : la parité, le maintien de Vilvorde, la baisse généralisée de la TVA, la proportionnelle et puis, tiens, bonne idée, le contrat d'union sociale, ça ne mange pas de pain et ça pourra rapporter les voix des homosexuels.

Patatras ! on ne se méfie jamais assez des électeurs.

Lionel Jospin, qui est tout sauf un imbécile, a eu vite fait de juger de la grosseur et de la température de la patate chaude qu'il tient désormais dans la main et, pour tout dire, si tout cela pouvait s'oublier, il n'y verrait que des avantages. Mais le Collectif pour le

Contrat d'union sociale, calé sur les promesses de la campagne, bénéficie de relais de première grandeur à l'Assemblée : Jack Lang, Catherine Tasca, présidente de la Commission des lois, ou Jean-Pierre Michel, auteur d'une proposition de loi sur ce sujet. Voilà le moyen idéal de refiler la patate chaude : le texte étudié ne sera pas un projet de loi d'origine gouvernementale mais une proposition de loi d'origine parlementaire. Et, pour s'assurer qu'on en parlera le moins possible, le PS l'inscrit dans sa « niche » un vendredi matin. La niche a été établie à la suite de la réforme du fonctionnement de l'Assemblée élaborée par Philippe Séguin ; elle permet ainsi aux groupes de faire examiner des textes à son initiative alors que l'ensemble de l'ordre du jour est fixé par le gouvernement. Lors de la discussion de cette niche, l'atmosphère est assez sinistre : une dizaine de députés, parfois moins, assurent la permanence sous l'œil glauque d'un secrétaire d'État commis d'office ou du ministre chargé des Relations avec le Parlement et dans l'indifférence des médias. Pour assurer une meilleure discrétion, les travaux de la Commission des lois saisie au fond et de la Commission des affaires sociales saisie pour avis se dérouleront hors session pour éviter tout débordement.

Mais ce qu'avait craint Lionel Jospin se produit quand même : le débat sort de la clandestinité et éclate en plein jour. Un ancien hiérarque de l'UDF, Michel Pinton, a envoyé à tous les maires de France un appel en demandant s'ils étaient d'accord pour procéder à des mariages homosexuels. Plus de la moitié des maires, toutes couleurs politiques confondues, signent la pétition sans se rendre compte qu'on leur demande de condamner une éventualité qui n'est pas contenue dans le projet. Les maires de gauche n'ont pas hésité à rejoindre leurs collègues de droite et j'ai bien ri en lisant dans la liste des signataires de Maine-et-Loire certains noms qui participaient un an auparavant à la campagne des candidats socialistes.

Le cap fixé par l'épiscopat a ramené les brebis égarées dans le bon chemin et les associations intégristes sonnent le tocsin sur le même thème : le Pacte civil de solidarité est un mariage homosexuel qui permettra l'adoption. Aucune discussion n'est plus possible : l'homosexualité est classée comme une perversion ou une déviance et les homosexuels des gens qu'il convient au mieux de plaindre et de soigner ; le mariage civil sera attaqué par une institution qui sera préférée par les jeunes couples désireux de fonder une famille. L'homophobie latente d'une bonne partie de l'opinion constitue un terreau idéal pour la diffusion du message d'une Église convertie à la République et à la psychanalyse, d'autant qu'elle est rejointe par les autres religions monothéistes. Les médias s'emparent de la polémique, multiplient les tribunes, débats et autres empoignades où les illuminés, les givrés et les refoulés des deux camps viennent mettre la touche de délire indispensable pour bien obscurcir le raisonnement et faire de l'audience.

L'opposition, elle, vient de passer un été meurtrier. Les élections régionales de mars n'ont pourtant pas marqué, tant s'en faut, un recul significatif de son potentiel électoral, même si l'effet de marge lui fait perdre des majorités. Mais la danse de Saint-Guy que lui a imposée le Front national lors de l'élection des exécutifs, et tout particulièrement en Rhône-Alpes, la laisse tourneboulée entre un électorat désorienté et l'installation du nouveau parti de Charles Millon, La Droite. Ce qu'il faudrait à l'opposition, c'est une bonne guerre. Le vote sur le Pacte civil de solidarité a lieu le premier vendredi de la session : voilà une occasion à ne pas laisser passer.

À dire vrai, sur le plan idéologique, pas plus qu'à gauche, la droite n'a vraiment travaillé le sujet. Jacques Toubon avait bien réuni au ministère de la Justice une commission sur la question sous la houlette du professeur Hauser qui avait remis des conclusions allant dans le sens de l'institution d'un PIC, Pacte d'intérêt commun. Mais l'heure n'est pas aux demi-mesures ni aux solutions alternatives : il faut s'opposer sans se faire d'illusions sur la suite. Jean-Louis Debré organise des réunions de réflexion... où n'est pas invité un seul expert partisan du projet, technique éprouvée pour forger des convictions inébranlables. Certains ténors avaient fait pourtant preuve d'esprit d'ouverture : Balladur, Juppé, Madelin, Douste-Blazy, Baudis, Jean-François Mattéi. Ils optent pour une stratégie en deux temps : salve de fermeté lors des motions de procédure, quitte par la suite à s'abstenir ou même à voter pour si le texte n'est pas extrémiste.

Pour ce qui me concerne, ma position est connue depuis longtemps. Jean-Louis Debré et Philippe Séguin m'ont confirmé que sur un sujet pareil, la liberté de vote qui fonde le groupe gaulliste est plus que jamais de rigueur. J'aurai un temps de parole dans la discussion générale et tout cela est relativement apaisé. Jean-Louis m'a néanmoins conseillé d'éviter de participer aux débats d'amendements pour ne pas me trouver entre deux tirs d'artillerie, position éminemment inconfortable. Après un moment d'exaspération, je reconnais qu'il a raison, d'autant que les rapports de force sont clairs.

Si l'opposition flotte, la majorité n'est guère plus stable. Il existe en son sein de fervents partisans du PACS, mais ils ne sont qu'une poignée. La plus grande partie des députés de gauche découvrent avec stupéfaction qu'ils se sont engagés sur une réforme qui, sur le terrain, leur apporte beaucoup de critiques puisque la majorité favorable au pacte reste, à ce stade, silencieuse. Beaucoup pratiquent le double langage, appui au gouvernement à Paris, réserves sur le terrain, la lecture de la presse quotidienne régionale est à cet égard édifiante.

Ce vendredi d'octobre, les danseurs sont prêts pour le quadrille : un gouvernement qui voudrait bien être ailleurs, un groupe socialiste inquiet mené par un président qui doit avoir éteint son portable, deux rapporteurs qui ont bouffé du lion, une opposition bien décidée à ne laisser passer aucune occasion de se requinquer, un président de séance qui manque cruellement d'expérience et...

Jean-François Mattéi non pas dans le rôle du raton laveur, mais du défenseur de la motion d'irrecevabilité, motion qui soutient qu'un texte n'est pas conforme à la Constitution et qui arrête tout débat si elle est adoptée.

Surprise : les députés de gauche sont nombreux, certainement près d'une cinquantaine ce qui est tout à fait remarquable pour un vendredi matin. Mais, surprise, surprise, au fur et à mesure que la journée s'écoule et alors que l'heure du vote approche, les travées de l'opposition se remplissent. La raison de la mobilisation est toute simple : le lendemain débutent à Menton les journées parlementaires du groupe RPR et beaucoup arrivent pour prendre l'avion de la fin de l'après-midi. L'inquiétude gagne à gauche et les collaborateurs des groupes battent le rappel. Mais il ne s'agit pas comme lors d'un milieu de semaine de faire descendre un député de son bureau pour voter, mais bien de le faire revenir de sa circonscription en abandonnant un comice agricole ou une permanence.

Et l'incroyable se produit : pour la deuxième fois en quarante ans de Ve République, une exception d'irrecevabilité va être votée sous les hurlements de joie de l'opposition et l'humiliation et parfois les larmes de la gauche.

Quand j'arrive vers 15 heures, persuadée que les formalités des motions ont été expédiées et que la discussion générale va commencer, la Salle des Quatre Colonnes présente le charivari des grands jours, des députés de gauche arrivent mais trop tard et s'effondrent, essoufflés et ahuris, sur les banquettes en velours rouge. Les règlements de comptes vont bon train et un retardataire se fait prendre au col de veste par une collègue déchaînée. Les députés d'opposition savourent comme il se doit cette divine surprise qui sera saluée par toute la presse comme un échec sévère de Jospin et qui mettra en cause la présidence de Jean-Marc Ayrault à la tête du groupe socialiste.

Je suis atterrée.

Non pas que je doute que nous nous doterons un jour du Pacte de solidarité. J'ai attendu pendant des années et ce ne sont pas quelques semaines qui m'effraient.

Dès mon arrivée dans la Salle des Quatre Colonnes, j'ai su que le camp de l'ouverture et de l'équilibre avait perdu. Ce ne serait plus le raisonnable et compétent Jean-François Mattéi qui défendrait les exceptions d'irrecevabilité, ceux qui se préparaient à avoir une position mesurée devraient rejoindre le camp des ultras sous peine de se marginaliser, nos militants seraient persuadés que la seule attitude qui vaille est une opposition sans nuance, les socialistes défavorables au projet devraient se soumettre et ainsi casser l'image d'un débat transversal.

Nous allions tous y perdre : les furieux étaient à pied d'œuvre.

Une seule certitude : désormais, j'étais seule.

7 novembre 1998

> *« L'attachement que l'on porte à la République ne relève pas seulement de la raison mais aussi et plus sûrement du cœur. »*
>
> Y.R.

Le silence est oppressant, presque visqueux. En montant à la tribune, j'ai eu le sentiment d'entendre quelques secondes ce bruissement qu'en montagne on appelle des « abeilles » et qui annonce l'imminence de la foudre. Depuis quinze jours, j'ai réécrit vingt fois mon discours : comment plaider en cinq minutes ce dossier que je porte au fond de mon cœur depuis si longtemps ? Comment ne pas être prise en otage par mes adversaires ? en grippe par mes amis ? J'ai été tentée par la stratégie de l'évitement légitimée par la lâcheté de bien des socialistes. Mais, ce soir, ma résolution est prise.

Depuis ce fameux jour d'octobre, la polémique a fait rage et, après avoir sérieusement flotté, la gauche a décidé de représenter un texte qui reprend peu ou prou la mouture initiale.

Philippe Séguin m'a demandé de passer à son bureau et nous avons préparé ensemble l'introduction de mon intervention. Il est là, dans l'hémicycle, jupitérien, avec ses yeux qui jaugent sans complaisance, mais sans dureté. Jean-Louis Debré patrouille d'un regard inquiet ses troupes en tentant de désarmer les torpilles. Les travées sont pleines, les tribunes du public et des journalistes bondées.

Pour défendre le Pacte civil de solidarité, mon raisonnement est simple : le monde a changé. L'allongement de la durée de la vie, la disparition des solidarités de voisinage qui structuraient la France rurale, les mutations des configurations familiales et enfin le souhait de couples homosexuels de trouver un cadre juridique à leur engagement font qu' il y a place à côté du mariage républicain qui garde toute sa valeur pour un contrat de compagnonnage.

Cette nouvelle structure exprimera la communauté de vie entre deux personnes de même sexe ou de sexe différent qui ne veulent ou ne peuvent se marier. Elle ne peut se résumer à quelques mesures financières et mérite un statut global, enfin cette nouvelle entité n'est pas une structure d'accueil de l'enfant qui, en tout état de cause, possède des droits inaliénables. Mais je veux aussi rendre à César ce qui lui revient et saluer le combat du Collectif pour le Contrat d'union sociale : les homosexuel(le)s qui militent dans l'association n'ont jamais voulu d'un mariage gay, solution stigmatisante et communautariste, mais proposer à nos concitoyens une structure utile à tous.

Tant que le fil de l'argumentation a fait appel à la raison, ma voix est restée ferme et claire, mais quand j'évoque la solitude, le mépris, le rejet dont les homosexuel(le)s sont victimes, elle se brise. Et c'est de manière inaudible que je lance ma dernière phrase : « nous ne reconnaissons ici qu'une seule communauté : la République ».

Les applaudissements viennent de la gauche mais aussi de la droite comme ceux de Patrick Ollier et de François Goulard, ou le « Très bien » tonné par Philippe Séguin. Raymond Forni, au perchoir, sort de la neutralité inhérente à sa fonction pour se réjouir d'avoir présidé la séance pendant mon intervention. Finalement, les craintes de Jean-Louis n'étaient pas justifiées et à part un « Prenez-la » lancé à la gauche par un crétin, mes collègues de l'opposition se conduiront ce soir-là avec beaucoup de sportivité. L'hémicycle est littéralement en ébullition, plusieurs députés pleurent, l'un avec de gros sanglots d'enfant, et je saurai par la suite qu'il en est de même dans les tribunes.

Seule à mon banc, je voudrais cacher mes larmes dans mes mains mais en un éclair, je revois l'image de Simone Veil faisant ce geste lors du débat sur l'avortement et il ne serait pas digne de se comporter en voleuse de mémoire. Une main fraternelle vient à peine d'étreindre mon bras qu'un des huissiers m'apporte une brassée de billets. C'est une coutume parlementaire que de communiquer en séance par le truchement de courtes missives, parfois assez incisives. Mais dans cette nuit de novembre, je reçois plus de 150 cartes dont 80 en provenance de mes collègues, les autres de spectateurs ou de fonctionnaires de l'Assemblée, fait unique de mémoire d'huissier.

Élisabeth Guigou ouvre le feu : « *vous m'avez émue par votre courage mais surtout par la netteté de votre propos et sa sincérité* », Catherine Tasca : « *ce que vous avez fait, votre courage et votre dignité nous honorent tous ici et, au-delà, honore les femmes de ce pays* », Jean Le Garrec : « *l'important est la grande qualité de votre argumentation, et l'intelligence de votre démonstration* ». Les félicitations des députés de gauche ne sont pas exemptes de regrets : « *ce qui compte, c'est d'être en accord avec soi-même et de savoir prendre un risque... c'est une belle leçon pour tous* », « *j'aimerais être sûr d'avoir votre courage* », « *vous avez raison de dire que quel que soit le groupe auquel on appartient, il n'est pas facile de penser différemment ou de pouvoir s'exprimer différemment* ». Peut-être ceux-là pensent-ils à l'incroyable réunion du groupe socialiste où ils ont été contraints d'aller signer leur soutien au PACS, sous la menace de perdre leur investiture.

D'autres sont dithyrambiques : « *il y a des moments que l'on est fier de vivre* », « *de telles interventions font l'honneur du Parlement* », « *député depuis trois ans, je n'ai jamais éprouvé une émotion aussi forte* ». Des copains de droite comme de gauche m'embrassent, me serrent – moralement – dans leurs bras. Un UDF, adversaire acharné du projet, avoue : « *tu as réellement fait un très beau discours, vrai tant sur la forme que sur le fond* ». D'ailleurs, les parlementaires de l'opposition saluent la posture : « *ta démarche, tes propos me rendent fier d'être au Rassemblement* » et Jean-Louis Debré m'envoie son imprimatur : « *tu as raison : il faut toujours défendre ses convictions* ».

Les spectateurs dans les tribunes n'étaient pas en reste, depuis la bénédiction d'un prêtre, des dessins avec des fleurs, des « *nous voudrions tous et toutes vous avoir comme député* ». Dès la fin de mon discours, les journalistes s'étaient précipités dans la Salle des Quatre Colonnes, persuadés que je voudrais exploiter l'émotion pour faire une déclaration. Mais cette émotion, elle était intime et finalement douloureuse et elle ne pouvait pas être partagée avec les ogres, même si eux aussi m'ont adressé des mots superbes.

Plusieurs mois après, je n'ai toujours pas compris ce qui s'est passé ce soir-là, quelle alchimie mystérieuse a magnifié l'émotion.

Par la suite, des psychologues, des politologues, des sociologues ont expliqué la folie médiatique dont, avec d'autres, j'ai été l'objet – par le phénomène du « seul contre tous », la teneur et les implications du sujet, l'influence des homosexuels dans les lieux de pouvoir, mais aucune de ces explications ne tient sauf à paraphraser Montaigne, parce que c'étaient eux, parce que c'était moi.

Ce que j'ignorais aussi alors, c'est que ces billets ne représentaient que l'avant-garde de milliers de lettres reçues en quelques semaines et dont le flot n'est pas encore tari. Lettres de compliments ou d'insultes, courriers d'amour ou de haine, j'aurais voulu pouvoir répondre à chacun personnellement.

Leur nombre a rendu cette tâche impossible. Mais telles quelles, ces correspondances jettent une lumière crue sur la société française et constituent un matériau incomparable pour analyser ses contradictions.

Écrire, dit-il

> *« Je me suis toujours retenu jusqu'à présent d'écrire ce que je pensais, mais là, je craque et vous affirme que je pense ce que j'écris. »*
>
> S.B.

Certains n'en sont pas encore revenus : *« C'est la première fois que j'écris à un député* (A.B.). *» « Il est tard et je devrais aller me coucher mais je ne dois pas retarder ma lettre* (H.B.). *» « Mon sentiment d'admiration est trop fort pour résister à vous adresser cette lettre* (N.M.). *» « Il est parfois des moments où vient l'impérieuse nécessité de dire son sentiment* (T.M.). *» « Je n'écris jamais à un député mais je dois vous clamer ma réprobation* (T.A.). *» « Vraiment, votre inqualifiable conduite m'a fait prendre la plume* (B.N.) *» « Nous sommes un groupe d'amis réunis ce soir et nous avons tous ensemble décidé de vous écrire pour vous dire de tenir bon* (10 signatures). »

Un nombre incalculable de lettres qui m'ont été adressées dans l'affaire du Pacte civil de solidarité commencent ainsi par un aveu d'urgence, une ardente obligation à laquelle il ne saurait être question de se soustraire, comme si mon attitude avait interpellé ces citoyens dans leur moi le plus intime. C'est donc un peu plus de 8 000 lettres que j'ai, vaille que vaille, classées dans des dossiers. Comme dans une pièce de Ionesco, elles ont envahi peu à peu mes placards, menaçantes, grondeuses, injurieuses, salaces, cocasses, émouvantes, amicales, admiratives, et même... amoureuses.

Le courrier est le pain quotidien du parlementaire et il consacre en général deux à trois heures par jour à son traitement. Le plus gros est constitué par des sollicitations personnelles : demandes de travail, de logement, d'aides, de subventions, de décorations. Les invitations composent le deuxième poste et en queue de peloton arrivent les appels, pétitions, circulaires des divers groupes de pression, syndicats, associations ou collectifs.

Depuis quelques années, on a vu s'étioler le nombre de ceux qui prenaient leur plume pour dialoguer avec leur député afin de lui faire part de leurs états d'âme, de leur appréciation sur la politique menée, pimentée parfois de quelques compliments, plus souvent de critiques, toujours de conseils. Ces dinosaures ont l'âge où la télévision n'avait pas aboli la force de la chose écrite et la notice nécrologique du *Courrier de l'Ouest* annonce à intervalles réguliers la disparition de l'espèce. Dans mon entourage, deux survivent encore, une vieille demoiselle et un professeur retraité, mais ils ont préféré garder le silence sur le PACS, sans doute pour ne pas me faire de la peine.

Parfois un événement secoue les consciences et les stylos, mais il faut vraiment qu'il soit considérable pour que plus de dix lettres lui soient consacrées. Il est à noter que celles-ci sont quasiment toutes des protestations, reprenant ainsi l'adage : les compliments toujours par oral, les engueulades toujours par écrit. Le pompon jusqu'ici revient hélas à deux mesures d'Alain Juppé, une trentaine de lettres pour la réforme de la Sécurité sociale, toutes de médecins et certaines contenant les seules menaces de mort reçues dans ma carrière, et presque autant pour l'éviction des femmes de son gouvernement. Je me suis dit alors : là, on n'est pas bien, et de fait, on était mal.

Mais mon père Jean Narquin, alors député, qui avait voté l'abolition de la peine de mort se souvenait d'avoir reçu environ 500 lettres à cette occasion, lettres extrêmement violentes lui prédisant l'enfer probablement sur cette terre et très certainement dans l'autre monde.

Pour moi, ce fut 8 000 lettres.

Des vraies de plusieurs pages, des cartes postales, des dessins, des fleurs séchées, des calligrammes, des poèmes, des e-mails, beaucoup signés en couple ou par un groupe d'amis, avec un dialogue qui commence parfois dès l'enveloppe : *« à la plus belle », « Roselyne Bachelot, Député du RPR ou de ce qu'il en reste ».*

Le premier étonnement va être tout de suite de constater que les courriers de soutien sont la majorité, presque 60 %, fait rarissime dans la correspondance parlementaire.

On peut diviser le fan club en quatre sous-groupes quasiment égaux : des électeurs qui s'annoncent très clairement de droite et qui regrettent l'attitude de l'opposition dans le dossier mais aussi dans d'autres domaines, des électeurs de gauche qui bien souvent n'hésitent pas à faire des commentaires peu amènes sur leur propre camp, des témoignages de soutien à l'origine politique indéterminée et à la tonalité affective marquée, enfin des homosexuel(le)s qui racontent leur histoire de façon souvent émouvante.

Les lettres de réprobation, si elles sont un peu moins nombreuses, pèsent chacune pour deux, tant la violence et la passion en traversent la quasi-totalité. C'est tout juste si j'ai retrouvé une centaine de correspondances sereines à l'argumentation principalement juridique sur le mode adopté, du moins au début du débat, par Patrick Devedjian, orateur du groupe RPR sur le projet de loi. Le reste, 3 000 lettres, peut, lui, être divisé en trois clans : le plus fourni est celui de l'homophobie, parfois pornographique, suivi de près par les défenseurs de la famille et du mariage selon eux menacés de destruction, avec souvent le regret lancinant de la perte des valeurs sur un fond de crainte millénariste de fin du monde, enfin des électeurs de droite qui prônent une opposition résolue et sans concession et considèrent mon soutien au PACS comme une trahison et un ralliement aux socialistes avec parfois une connotation machiste sur le mode : une femme se doit encore plus qu'un homme d'obéir aux ordres de la hiérarchie.

Dans beaucoup de ces courriers on retrouve des attaques personnelles très dures sur la laideur et même la monstruosité de mon aspect physique, le déficit de mes capacités intellectuelles, mon absence de sens moral. Les relire équivaut à recevoir du vitriol en peine figure.

Qu'ils soient positifs ou négatifs, je n'ai pas analysé ces messages en spécialiste de la communication ni en professionnelle de la psychologie. À ceux qui me reprocheront ma subjectivité, je réponds que je la revendique.

Avenir de la Culture

« Vous comptez désormais parmi les adversaires de la famille. Nous vous demandons de démissionner. »

Avenir de la Culture.

Il y a quelques années, j'avais reçu à l'Assemblée un homme jeune sympathique du nom de Luc Berrou. Il s'était présenté à moi comme le responsable d'une association au nom évocateur d'Avenir de la Culture. Elle pourfendait à l'époque les obscènes publicités pour les messageries du Minitel rose qui défigurent beaucoup de nos villes. Je ne pouvais que me sentir en phase avec ce combat, tant ces appels à la prostitution renvoient une image odieuse des femmes, présentées comme des morceaux de viande sur un étal. Par la suite, j'avais été destinataire de cartes-lettres émanant des membres de cette association et j'avais noté sans y attacher trop d'importance la tonalité violemment intégriste de ces bristols. Il faut dire qu'Avenir de la Culture n'est pas la seule à utiliser cette contestable méthode de sensibilisation des parlementaires, certains groupements de défense des contribuables ou de protection de l'environnement nous somment de façon comminatoire de condamner la dérive des dépenses publiques ou la construction d'un barrage au fin fond de l'Inde.

En ce début de novembre 1998, l'ambiance du débat est brûlante, après le vote surprise de la motion d'irrecevabilité de Jean-François Mattéi, et les adversaires fourbissent leurs armes. Tous les députés ont reçu d'Avenir de la Culture une luxueuse brochure où, sur la couverture, le Pacte de solidarité est représenté par un monstre hideux crachant des flammes. Le texte en est délirant, à mi-chemin entre les prédictions de Nostradamus et les anathèmes de Paul Mirguet. Je demande à mon assistante de ranger soigneusement le document dans mon dossier « bêtisier ».

J'avais tort de rire.

Le responsable de la Poste qui a pris sur lui de téléphoner à mon bureau est consterné : ses services sont en train de distribuer une « Lettre ouverte aux Angevins » à plusieurs dizaines de milliers d'exemplaires sur l'ensemble du Maine-et-Loire. Pour tout dire, quand il a pris connaissance de la teneur du publipostage, il s'est demandé si de tels propos ne tombaient pas sous le coup de la loi et si sa complicité ne pourrait pas être recherchée. Je le rassure mais je suis atterrée.

Chers Angevins,

Est-ce pour favoriser le pseudo-mariage homosexuel que Mme Roselyne Bachelot a été élue député d'Angers ?

Certes, non. Il faut donc qu'elle démissionne.

Si nous ne réagissons pas avant les 7, 8 et 10 novembre (jour du vote), vous verrez bientôt deux moustachus en blanc qui attendent leur tour pour « pacser » leur relation honteuse devant Monsieur le maire, le préfet ou le greffe du TGI.

On les verra bras-dessous en bermudas roses, à la sortie de l'école en train d'attendre « leur » enfant adopté, petit camarade de votre fils ou de votre petite-fille.

[...]

Cette grave atteinte à la famille, à la moralité publique et au droit des enfants à avoir un père et une mère, risque de passer avec la complicité de Mme Roselyne Bachelot.

Son appui est d'autant plus grave que le vote à l'Assemblée nationale sera très serré, la gauche étant divisée.

Une seule voix dissonante dans les rangs de l'opposition peut faire basculer le résultat et entraîner l'approbation du pseudo-mariage homosexuel. Est-ce à la représentante d'Angers que reviendra cette sale besogne ?

Avant que cette tragédie ne soit consommée, il nous faut exiger sa démission ! Ou du moins qu'elle soit exclue du groupe parlementaire RPR afin qu'elle ne soit pas facteur de division !

Le courrier continue sur ce ton pendant quatre pages et se termine par cette exhortation :

Réagissons dès aujourd'hui; demain ce sera trop tard !

Sûr de pouvoir compter sur votre attachement à la famille, à la moralité publique et à l'avenir de vos enfants, je vous prie d'agréer, chers Angevins, mes salutations distinguées.

Luc Berrou
Président

Le post-scriptum porte l'estocade :

P.S. Mme Bachelot semble avoir « pacsé » avec le lobby homosexuel. Il faut l'empêcher de détruire le mariage et la famille. Postez dès aujourd'hui les cartes et la lettre ci-jointe.

Tout y est : l'homophobie avec la description ridicule des homosexuels, le délire fantasmatique avec l'analogie au mariage et l'épouvantail de l'adoption qui n'est nulle part dans le projet de loi, et le mensonge caractérisé en indiquant que le vote du pacte de solidarité ne tiendrait qu'à une voix, la mienne.

Sont de plus jointes à ce délicieux poulet une carte adressée à Jean-Louis Debré exigeant mon renvoi du groupe RPR et une autre à moi-même me demandant de démissionner. Quant au troisième document, il s'agit d'un modèle de lettre à recopier et à renvoyer à Mgr Orchampt, évêque d'Angers :

> ... *On voit bien qu'elle ne fait pas de ses convictions religieuses l'unique critère de ses choix politiques... Or, tout cela ne peut que surprendre. Le pape Jean-Paul II, en effet, condamne l'opinion largement répandue selon laquelle tout homme politique devrait séparer nettement dans son action le domaine de la conscience privée de celui de l'action politique (cf.* Evangelium vitae, *n° 69). Avec le pape Jean-Paul II, les chrétiens d'Anjou croient que la démocratie ne peut être élevée au rang d'un mythe, au point de devenir un substitut de la moralité ou d'être la panacée de l'immoralité....*
>
> *C'est pourtant ce qui se passera si le PACS venait à être approuvé par la représentation nationale, avec le soutien d'un député catholique de notre département...*
>
> *En attendant un message clair en conformité avec la pensée du pape, nous vous prions, etc.*

Il s'agit bien d'une opération de lynchage politique et médiatique de grande envergure ; en effet, Avenir de la Culture ne s'est pas contenté de s'adresser aux quelque 40 000 habitués de son fichier national, mais a monté une opération qui coûte à l'évidence plusieurs centaines de milliers de francs. On n'est pas peu surpris d'ailleurs de la tranquille indifférence de l'administration et de l'opinion publique sur le financement de telles manœuvres, alors que le politique doit être en mesure de justifier, dans une atmosphère de soupçon permanent, du moindre centime dépensé pour ses frais personnels ou son action politique.

Dès le lendemain, les cartes-lettres vont arriver à mon bureau, beaucoup moins nombreuses que je ne l'aurais craint, en tout environ 400, la très grande majorité courageusement anonymes. À tous ceux qui ont bien voulu signer, j'enverrai un courrier pour expliquer ma position de façon dépassionnée ; certains de mes « correspondants » seront éberlués de recevoir cette réponse car leur identité a été usurpée, probablement par un voisin indélicat.

Il n'est pas douteux que le ton violent et diffamatoire du texte a gêné bien des opposants déterminés au projet. Ils n'étaient pas au bout de leur surprise en apprenant qu'ils avaient été les complices involontaires d'une organisation que la Commission d'enquête parlementaire avait classée comme secte. Avenir de la Culture est, en effet, le bras armé de Tradition-Famille-Propriété fondée en 1960 par le Brésilien Plinio Correa de Oliveira. TFP a d'abord tenté de s'installer en France par le biais de l'école Saint-Benoît, condamnée par le tribunal d'instance de Châteauroux pour avoir exercé sur les élèves une action psychologique destinée à les embrigader. Elle entretient des rapports orageux avec l'Église et n'a pas hésité à porter plainte contre deux diocèses qui avaient osé reproduire un article de *L'Événement du jeudi* qui rappelait son soutien à l'apartheid en Afrique du Sud, ou la constitution d'une milice paramilitaire au Brésil pour lutter contre les communistes. Pour sa part, Avenir de la Culture s'est spécialisé dans les pétitions contre – en vrac – les préservatifs, le Bicentenaire de la Révolution ou certaines émissions de télévision. Une autre émanation de TFP, Droit de naître, s'est attaquée par la suite au professeur Israël Nisand, auteur d'un rapport sur l'IVG, assimile l'avortement à un génocide et reprend mot pour mot la campagne antisémite lancée contre Simone Veil en 1975.

Mais l'aspect inattendu et réconfortant de cette campagne odieuse a résidé dans le soutien de très nombreux Angevins – y compris parmi les anti-PACS – qui n'ont pas voulu de ce procès en sorcellerie : « *Je n'ai aucun enthousiasme par rapport au projet de loi présenté par les socialistes. Mais cela me rassure plutôt d'accorder ma confiance à mon député lorsqu'il fait preuve de courage et d'indépendance d'esprit* (J.B.). » « *Je suis choquée en tant que chrétienne qu'une fraction aussi extrémiste puisse s'arroger le droit de parler au nom des catholiques en général et ainsi répandre sur tous l'image du chrétien conservateur, traditionnel, obscurantiste et intolérant* (G.M.). » « *J'ai été particulièrement choqué et attristé par la virulence et l'ineptie des propos contenus dans cette correspondance qui aurait gagné à prendre les formes de la tempérance plutôt que celles de la calomnie. Il ne m'apparaît pas qu'un débat de société autorise la diffusion de pareille note d'infamie* (P.G.). » « *Je viens de prendre connaissance avec effroi et stupeur du courrier qui vous désigne à la vindicte populaire* (R.M.). » « *J'ai entre les mains un fatras d'insanités* (J.C.). » « *Venant d'avoir entre les mains le torchon haineux d'Avenir de la Culture (quelle indélicatesse de salir deux mots si beaux)...* (J.V.) »

Beaucoup de mes interlocuteurs avaient pris la peine de renvoyer la carte en remaniant complètement le texte. Le « *vous comptez maintenant parmi les ennemis de la famille* » devenait souvent « *vous comptez maintenant parmi les amis de la famille* », ou « *nous vous demandons de démissionner* » se traduisait par « *nous vous demandons de poursuivre votre combat* ». Il me faut avouer avoir été complètement déstabilisée par la campagne de haine et d'outrance d'Avenir de la Culture, et j'ai failli démissionner par défi. Si je n'avais pas reçu tous ces témoignages de tous les horizons politiques et géographiques de ma circonscription, j'aurais sans doute craqué. Merci, du fond du cœur.

Le plus dur restait à venir : l'entrevue avec Mgr Orchampt. J'avais évidemment sollicité un rendez-vous dès que j'avais pris connaissance de la quasi-demande d'excommunication de mes inquisiteurs. Quelques jours auparavant, les médias locaux avaient interrogé l'évêché qui, par la voix du Père Gautier, son porte-parole, avait heureusement invoqué la liberté de parole du représentant du peuple et, tout en rappelant la position de l'Église, indiqué qu'il n'était pas question de lancer une condamnation. Les intégristes en étaient pour leurs frais. Il est vrai aussi que me condamner officiellement revenait à condamner le gouvernement, la majorité de l'Assemblée et des citoyens de ce pays, dont beaucoup de catholiques. Pas vraiment facile.

En ce doux dimanche de novembre, Mgr Orchampt vient m'ouvrir lui-même la porte. Le temps béni où les bonnes de curé travaillaient le dimanche est bien terminé, à moins qu'il n'y ait plus de bonnes du tout, et plus beaucoup de curés d'ailleurs. Son bureau, le plus beau d'Angers, domine toute la Maine. J'ai les larmes aux yeux et la voix qui tremble pour le remercier de la déclaration du Père Gautier, je fais le point avec lui de l'impact de la pétition qu'il trouve très significatif puisqu'il en a reçu deux cent cinquante. Alors que les pétitions qui m'étaient adressées étaient majoritairement anonymes, les siennes étaient toutes signées. Je n'ose lui faire remarquer que cela doit représenter moins de 0,5 % de retour... Puis j'essaie d'entamer le dialogue sur le fond.

Celui-ci se révèle impossible. Tout de suite, en se retranchant derrière les positions officielles de la hiérarchie et les déclarations de Mgr Billé, il m'admoneste, certes gentiment, mais fermement : il n'y a pas de place pour le doute ou le débat.

Une heure plus tard, en le quittant, je me suis rappelé Galilée pour ne pas désespérer, puisque l'Église n'a mis que quatre siècles pour admettre qu'il avait raison. J'ai murmuré : « Et pourtant, elle tourne... », mais je crains que Monseigneur ne m'ait pas entendue.

PETIT TRAITÉ D'HOMOPHOBIE ORDINAIRE

Citoyen(ne) et homosexuel(le)

> *« L'homosexuelle que je suis n'a pas choisi de l'être et le courage réside dans l'acceptation de son être profond. Il en est de même de la parole quand celle-ci est mise au service du cœur. Je suis profondément touchée du respect anonyme que vous me témoignez. »*
>
> C.G.

Oui et c'est fort heureux, il y a des homosexuel(le)s sans histoires qui vivent en harmonie avec leur entourage et leur famille : *« Je n'ai jamais considéré qu'être homosexuel était premier dans ce qui peut me caractériser, C'est une composante parmi d'autres : j'ai des amis, un travail, j'appartiens à une association d'aide à la Bosnie, je milite aux Verts, je vais marcher le long des plages du Nord, je nage, je lis... et j'aime un homme depuis dix ans. Je ne porte pas de flambeau et je n'ai surtout pas l'impression qu'être homosexuel me donne une quelconque supériorité.*

Mais je n'ai pas non plus l'impression d'être un humain déplorable, coupable d'on ne sait quelle volonté de destruction de la famille ou des valeurs (D.C.). »

Ce courrier, remarquable de sérénité, illustre bien le formidable décalage qui mine notre société entre les petits bonheurs de la quotidienneté et la réalité du regard hostile porté sur les homosexuel(le)s. Le débat va agir sur eux comme un *outing* généralisé, les contraignant à mettre au centre de leur définition existentielle leur pratique sexuelle. Il n'est donc pas surprenant que les lettres qu'ils et elles m'ont envoyées soient les plus émouvantes souvent et les plus tendres parfois. « *Madame, je vous aime* », « *Je prie pour vous tous les jours, Patrick aussi* », « *Ne pleurez plus* », « *Merci d'exister* », « *Madame la députée, je suis fier de vous* ». Toutes ces missives – plusieurs centaines – remercient du respect témoigné et expriment tendresse et encouragements.

Mais ces personnes racontent aussi les discriminations dont elles souffrent, dans le travail d'abord comme Ludovic, officier de police dénoncé par jalousie et en butte aux tracasseries de sa hiérarchie, ou Guillaume qui a lutté huit ans pour être réintégré dans l'Éducation nationale dont il avait été viré pour inaptitude psychiatrique alors qu'en vérité on lui reprochait son homosexualité. Aujourd'hui, il est brisé par le combat qu'il a mené, même s'il fut épaulé dans celui-ci par deux collègues. Ces deux exemples n'ont pas été choisis au hasard dans la fonction publique, la quasi-totalité des témoignages émanant de fonctionnaires. On peut d'ailleurs se demander si le gouvernement avant de faire de grandes déclarations, la main sur le cœur, contre l'homophobie ne ferait pas bien de balayer devant sa porte.

« *L'homophobie, c'est le quotidien (G.H.).* » « *Mon homosexualité est honteuse : celle qu'on cache même (et surtout) à ses parents, qu'on dissimule autant que faire se peut (M.D.).* » « *Coupé avec mon ami de nos familles depuis longtemps à cause de nos mœurs (C.L.).* » Beaucoup de mes correspondants insistent sur la contre-image d'un lobby gay peuplé d'artistes, de couturiers ou de stars du show-biz bourrés de fric alors qu'ils et elles subissent les mille et une vexations de la vie banale : lettres anonymes, moqueries, rejet des familles ou des amis. « *Nous habitons avec une amie dans un immeuble collectif; c'est tous les jours que nous subissons des agressions : graffiti sur notre porte ou notre boîte à lettres, excréments sur notre paillasson, ricanements et injures quand nous partons travailler. Je n'en peux plus mais mon amie ne veut pas céder car elle m'affirme que nous ferons alors le jeu de nos persécuteurs. Qu'en pensez-vous ?* » (A.F.). Je lui ai conseillé de partir et, comme le disait Chateaubriand, d'économiser ainsi son mépris car il y a vraiment trop de nécessiteux.

Plus encore que la discrimination violente, ils ne supportent pas la commisération des bonnes âmes : « *Reste la vieille haine idéologiquement constituée selon l'insupportable commisération envers les personnes, alors que le phénomène est condamné (Y.M.).* » Deux groupes sont particulièrement désignés comme pratiquant cette homophobie politiquement correcte : les Églises et la classe politique. Le trouble des homosexuels catholiques est pathétique, comme ce catholique pratiquant qui délaisse maintenant la messe, pourtant ajoute-t-il, « *cela n'affecte pas ma foi (T.E.)* ». S'il est vrai qu'un certain nombre d'associations comme David et Jonathan avaient pu laisser croire à la bienveillance de l'Église, celle-ci a clairement indiqué qu'elle considérait l'homosexualité comme une déviance, rejointe en cela par les grandes religions monothéistes, même si certains théologiens protestants se sont démarqués de cette acception. Ils ont exploré une piste intéressante en proposant de séparer nettement conjugalité et parentalité, et rejoint ainsi les pasteurs scandinaves qui célèbrent des mariages homosexuels.

Les fidèles vivent cette exclusion comme un drame, certains se révoltent : « *On n'est pas des bêtes, tout de même (K.G.)* », d'autres comme Jean-Jacques cherchent dans les Écritures une consolation ou une justification : « *Tu aimeras ton prochain comme toi-même, nous dit l'évangile de saint Matthieu.* »

Mais ceux qui en prennent vraiment pour leur grade, ce sont bien les politiques et curieusement la gauche n'est pas épargnée. On lui reproche la « *morne pusillanimité* » de ses députés de base ou le « *cynisme de ceux qui sont plus à l'aise en se promenant dans le Marais que dans leur circonscription (Y.M.)* ». « *J'ai souvent eu le sentiment qu'une partie des socialistes se bouchait le nez lorsqu'il s'agissait d'aborder le sujet (F.F.).* » « *Nous avons été déçus par la lâcheté et la frivolité des députés de la Majorité plurielle (D.C. et E.C.).* » Chez les homosexuel(le)s, la contre-performance des socialistes lors de l'adoption de l'exception d'irrecevabilité en première lecture à l'Assemblée a laissé une blessure durable en les persuadant que, derrière les proclamations officielles, les élus de gauche tenaient un autre discours sur le terrain et, ma foi, on ne saurait leur donner tort.

Quant à la droite, son cas est désespéré et la rupture avec elle est profonde et peut-être irrémédiable. « *En qualité de chef d'entreprise, citoyen et homosexuel, je ne me reconnais plus comme homme de droite (D.B.).* » « *Nous sommes atterrés par les discours de certains de vos collègues de l'opposition (C.C. et F.L.).* » « *Vous avez affronté cette meute grossière qui vient de s'illustrer par la bassesse de ses propos (G.R.).* » « *Celui qui vous écrit avait voté systématiquement et depuis vingt ans pour une droite qu'il considère aujourd'hui comme la plus intolérante, rétrograde et archaïque qui soit, (D.L.).* » Cette rupture est confirmée par une étude d'opinion que le Collectif pour le Contrat d'union sociale a effectuée chez ses adhérents : neuf sur dix des homosexuel(le)s qui votaient à droite ne le feront plus désormais. Ceux qui avaient prêché pour une opposition sereine et juridique ont été emportés par le torrent de l'outrance et l'incroyable pression des contempteurs du projet. Ce n'est sans doute pas cette génération qui renouera les fils du dialogue. Et ce ne sont pas quelques déclarations de regrets bien tardifs exprimés aux universités d'été du RPR et de l'UDF qui suffiront à réparer les dégâts.

Si la plupart des correspondances expriment de l'indignation et du dégoût, nombreux sont ceux qui veulent aussi raconter tout simplement leur histoire d'amour et la douceur de leur attachement, comme cette petite carte signée « *Yves et Serge, deux Parisiens qui s'aiment depuis vingt ans* » ou « *Je vis avec mon ami Jean-Christophe depuis douze ans et j'attends avec impatience le PACS* ». « *Bruno et Franck, gays et chrétiens, qui vivent en couple depuis huit ans vous remercient pour votre générosité.* » Mais l'image de roman à l'eau de rose est ternie par le souvenir des amis ou des compagnons emportés par le sida et souvent évoqués. « *Madame, merci pour moi, merci pour ceux qui sont partis, merci pour ceux qui vont partir, merci pour ceux qui vont rester, merci pour la France.* » (T.B). Leur disparition a parfois permis à la famille de jeter purement et simplement le survivant à la rue sans qu'il puisse récupérer ses objets personnels, quand ce ne sont pas les médecins qui lui ont interdit de visiter le malade au motif qu'il ne faisait pas partie des proches. Fort heureusement, toutes les familles ne se comportent pas d'une manière aussi ignoble et « *du fond de sa campagne, une mère de six enfants, dont un homosexuel, vous approuve dans votre lutte. J'ai soixante-quinze ans et suis heureuse qu'il y ait des femmes comme vous à l'Assemblée (R.R.)* ». Certains parents se sont regroupés dans des associations ou des groupes de parole pour affronter en toute sérénité le poids de la réprobation et des calomnies qui les frappent, eux ou leurs enfants. Ils racontent avoir attendu de longues années la révélation du secret de leur enfant, qu'ils avaient en fait percé depuis longtemps. Si certaines séances d'aveu se déroulent dans des circonstances dramatiques : « *Mon père m'a mis à la porte ce soir-là et il avait interdit à ma mère de me laisser venir auprès de son lit de mort* » (P.O.), d'autres sont l'occasion de descriptions tragi-comiques dignes des comédies américaines. Ces lettres ne sont pas les moins touchantes.

Dans tous ces courriers, s'il ne fallait retenir qu'un fil conducteur, c'est bien l'affirmation que l'homosexualité n'est pas un choix, mais un état ou « *une nature* ». Sa révélation est souvent pour l'individu source de culpabilité et la certitude qu'il lui faudra affronter des regards dépourvus d'aménité. Ils avouent avoir tenté de mener une vie amoureuse hétérosexuelle, mais sans succès. « *Il m'a fallu dix années de travail personnel pour être capable de faire ce choix sereinement; si j'avais pu l'éviter en faisant le choix de l'hétérosexualité, j'aurais gagné dix années de bonheur... Je ne suis pas masochiste! Je suis seulement homosexuel (D.M.).* »

Bonne chance, Denis, vous avez bien mérité d'être heureux.

Le cannibale et Mère Teresa

> *« Soutenir les homosexuels au nom de la tolérance, c'est exactement comme si l'on mettait sur le même plan un cannibale et Mère Teresa puisqu'à leur manière, ils aiment tous les deux le genre humain. »*
>
> M.C.

On pouvait espérer que la détestation portée aux homosexuel(le)s était reléguée au magasin des oripeaux défraîchis et que le souvenir que certains d'entre eux aient été exterminés au simple motif de leur pratique sexuelle suscite un opprobre unanime.

Hélas, cette détestation diffuse est encore largement répandue et le débat sur le pacte de solidarité en a été le cruel révélateur.

Première figure imposée de l'homophobe militant ou inconscient : afficher sa pitié, sa compassion et même sa solidarité avec les homosexuel(le)s : *« Homosexuels, mes frères, je connais votre misère. J'ai reçu tant de fois vos sanglots dans mes bras. Prisonniers d'une fusion, entraînés dans une relation physique que souvent vous ne vouliez pas, vos cœurs sont fermés, vous hurlez de douleur du plus profond de vous (G.D.).* » « *Ces malheureux ont besoin d'être aimés sainement malgré leurs égarements (N.C.).* » « *Je ne suis pas homophobe puisque je m'efforce d'aimer mes semblables mais j'ai des difficultés à reconnaître mon semblable dans les homosexuels (F.M.).* » On retrouve ce discours compassionnel et subtilement stigmatisant dans de nombreuses déclarations émanant de la hiérarchie catholique : « *Tout en condamnant avec force l'homosexualité, les homosexuels doivent être accueillis... d'autant plus qu'à l'origine de leur situation affective existe souvent une souffrance (Père E.M.).* » C'est ainsi que dans un débat qui m'avait opposée à un théologien, celui-ci avait été interrogé par un étudiant qui lui demandait si pour l'Église les homosexuels étaient des anormaux.

Ce prêtre avait alors fait cette magnifique réponse à verser à l'anthologie de la casuistique : « *L'homosexualité est anormale mais les homosexuels ne sont pas des anormaux.* »

Nous nous retrouvons là devant une conception qui fait des ravages aux États-Unis où certaines Églises, sectes et associations considèrent les homosexuel(le)s comme des malades qu'il convient de guérir par des psychothérapies de groupe culpabilisantes et l'obligation de se marier et d'avoir des enfants pour savourer les joies d'une sexualité acceptable. Inutile de préciser que ces méthodes, dénoncées par de nombreux psychiatres, aboutissent à de véritables catastrophes où le suicide est la seule échappatoire possible. Ce n'est pas l'homosexualité qui rend heureux ou malheureux, mais bien de se réaliser dans ses rêves et ses potentialités, d'être entouré par des personnes qui vous aiment et que vous aimez et qui vous renvoient de vous une image valorisante. Il y a des homosexuels malheureux pour toutes sortes de raisons, mais leur homosexualité comme la sexualité bien vécue de tout être humain est d'abord source de jouissance, de plaisir, de tendresse, d'épanouissement, d'amour, et leur malheur spécifique – quand il existe – se construit par le regard de la société, de leur famille, et la conviction qu'ils se sont forgée de ne pas être comme les autres.

Certains ont pratiqué une commisération particulièrement hypocrite en accusant le PACS de stigmatiser les homosexuels : « *En les cloisonnant dans une loi, nous les montrons du doigt (V.C.).* » « *Vous voulez les enfermer dans des cases d'êtres humains minoritaires (E.D.).* » Outre qu'aucune personne n'est obligée de souscrire un PACS pour vivre son homosexualité, des concubins hétérosexuels et de simples compagnons peuvent pactiser, excluant tout risque de stigmatisation. Et puis, dans une même lettre, accuser le pacte d'être une revendication homosexuelle et, quelques lignes plus tard, l'assimiler au triangle rose des homosexuels déportés ne manque pas de sel.

Mais une fois ces bons sentiments proclamés, la détestation prend ensuite le chemin de la dénonciation d'un *« comportement contre-nature »*, *« dégageant des odeurs pestilentielles »*. Monsieur D. demande que les homosexuels soient frappés de déchéance et privés du droit de vote et de l'éligibilité. Beaucoup de lettres exigent la mise à l'écart des homosexuels dans des asiles psychiatriques, des prisons, ou des établissements qui seraient spécialement créés pour elles et eux. Certaines demandent qu'ils soient mis à mort, mais, implore une dame de Versailles, *« de façon humaine; d'ailleurs, ils le réclament pour abréger leurs souffrances »*. Les homosexuel(le)s sont décrits comme des personnes arrogantes, cruelles, friquées : *« Que trouve-t-on chez les lesbiennes ? Ce sont des ratées de la vie qui conjuguent la hargne méchante avec un orgueil sans limites (G.D.). » « Les pédés sont des êtres fourbes et lâches (M.M.). »*

Une carte postale m'est adressée avec un porc habillé en robe de mariée et la mention

« eux aussi sont incompris », reprenant l'odieuse proposition d'un député de faire signer les PACS dans les services vétérinaires. Le lecteur de ces missives est partagé entre le rire et l'horreur, rire car certaines font penser à du très bon Coluche, mais on se reprend vite car leurs auteurs n'ont jamais voulu faire les clowns.

On a reproché à certaines associations de défense des homosexuel(le)s, à la Gay Pride, une démarche communautariste. Je l'ai moi-même parfois regretté, mais quand on lit ces courriers abominables, on comprend qu'une minorité ainsi stigmatisée préfère se retrouver dans des lieux de loisirs ou des quartiers bien à eux. Ainsi a pu naître l'image fantasmatique d'un lobby homo qui *« mettrait la France en coupe réglée »*, *« d'ailleurs, vous saviez qu'en les défendant, vous seriez médiatisée, puisqu'à la télévision et dans les journaux, ils tiennent le haut du pavé »*, *« maintenant, si on veut réussir, le meilleur passeport, c'est d'être homosexuel »* et, bouquet final, *« au gouvernement, c'est 50 % de pédés »* ! !

Calcul vite fait : quand on a exclu les femmes ministres, il ne reste plus de place que pour 6 ou 7 hétérosexuels dans l'équipe Jospin. Mais que l'opposition ne désespère pas, car mon correspondant poursuit : *« Vous n'êtes pas en reste au RPR* (F.R.). » F.R. Décidément, c'était donc bien vrai que l'on distingue de plus en plus mal la droite de la gauche.

Cependant, le concept d'anormalité n'est pas le concept prédominant de l'homophobie puisqu'il serait alors corrélé avec la tolérance et l'acceptation de cette anormalité. L'homophobie s'appuie sur le concept beaucoup plus fort d'immoralité. Cette qualification s'appuie dans des dizaines de lettres sur un certain nombre de citations de versets de la Bible. Ainsi le Lévitique – 18, 22 – cité par P.M. qui me joint copie de son diplôme de théologie : « *Tu ne coucheras point avec un homme comme on couche avec une femme. C'est une abomination.* » D'autres lettres citent la Genèse (19, 1, 29) – Sodome et Gomorrhe reviennent de façon menaçante – mais surtout saint Paul, en particulier dans sa Lettre aux Romains (1, 26, 27, 32) : « *Les hommes qui abandonnent l'usage naturel de la femme commettent des choses abominables.* » Le reproche m'est souvent fait d'avoir osé dire que dans l'Évangile, le Christ n'avait jamais condamné l'homosexualité : jamais à court d'arguments, on me fait remarquer que le Christ n'avait pas non plus condamné l'inceste et l'ivrognerie.

Mais, trêve de plaisanterie, il est un peu surprenant que des condamnations sans appel soient lancées sur des bases aussi minces. Outre que, comme l'annonçait le *Tantum ergo* que nous chantions dans l'âcre odeur d'encens de nos saluts du Saint-Sacrement, *antiquum documentum novo cedat ritui,* personne de sérieux, sauf peut-être au Kansas, ne soutient que la Genèse décrive fidèlement le mécanisme de l'apparition de la vie sur la terre ; et tout en restant bon chrétien, on peut raisonnablement douter que la femme de Loth ait été changée en statue de sel ou que Josué avec ses trompettes ait fait tomber les murailles de Jéricho.

Il apparaît aussi que la Bible est parsemée de crimes affreux considérés avec la plus extrême bienveillance quand ils ne sont pas chaudement recommandés : massacres généralisés, sacrifices humains ou mise à mort des femmes adultères. Tiens, c'est curieux, il n'est pas question de la lapidation des hommes adultères : la Bible serait-elle un peu machiste ? Je n'ose y croire.

Un, par contre, qui est bien machiste, c'est le redoutable saint Paul qui visiblement ne s'est jamais posé la question de savoir si les femmes avaient une âme. Pour lui, nous sommes des moins que rien et d'ailleurs vous remarquerez la délicate formule sur « l'usage naturel de la femme », comme si nous étions un ustensile ménager ou une bête de somme.

Il est certain qu'il faut situer les livres saints dans leur dimension poétique, symbolique et historique et, au propre comme au figuré, ne pas les prendre comme parole d'Évangile.

Une évidence s'impose en tout cas : il y a belle lurette que l'homosexualité existe et elle n'est pas donc pas apparue avec la regrettable liberté accordée aux femmes.

Mais les rudes travaux d'exégèse biblique de mes inquisiteurs relèvent une argumentation dont je laisse savourer le cheminement. Le PACS est une construction satanique puisqu'il est proposé par les socialistes ; en effet, poursuit mon théologien : *« Matthieu (25, 30-46), dit : Il mettra les brebis à sa droite et les boucs à sa gauche. Il dira à ceux qui sont à sa gauche : Retirez-vous, maudits, allez dans le feu éternel. »* Et de conclure que c'est bien la preuve que la Bible assimile la gauche au mal et donc que le PACS est immoral. Pour tout dire, malgré la pertinence implacable du raisonnement, certains hésiteront à s'y référer. Sans doute, assurent mes redoutables juges *« parce que vous êtes en révolte contre l'ordre naturel »* ou que *« vous n'ignorez pas votre malhonnêteté et c'est ce qui est le plus navrant »*.

En lisant ces lettres émaillées d'excommunications, de menaces, d'injures, de promesses d'enfer, je me suis vue avec un démon me faisant bouillir dans une grande marmite, mais j'espère qu'à défaut du pardon sur la terre, j'obtiendrai peut-être celui de Dieu. Après tout, pardonner, c'est son métier. Et puis, à qui se fier puisque même mon évêque ne semble plus croire au diable.

À partir de cette construction d'immoralité, les homophobes déploient tout une série de peurs. D'abord, ils craignent la fin du monde et l'effondrement des civilisations : *« L'histoire humaine atteste que lorsque la perversion mentale et sexuelle se généralise, elle annonce la fin de la civilisation au sein de laquelle elle se produit (M.G.). » « L'immoralité du PACS est incompatible avec notre civilisation »* (quatre signatures peu lisibles) ; ensuite, ils – et elles – assimilent l'homosexualité à toutes sortes de crimes comme la pédophilie et le viol, et resurgissent les fantasmes du débat et des manifestations hostiles au projet : disparition du mariage, adoption d'enfant par des couples homosexuels, abandon des valeurs d'engagement et de dévouement. Très souvent on retrouve exprimée la certitude que les pratiques homosexuelles vont s'étendre puisque *« cela donnera des idées à quelques jeunes »,* comme si l'homosexualité s'attrapait comme la varicelle.

Enfin, la dernière figure imposée de l'homophobie est de voir dans l'épidémie du sida la preuve que l'homosexualité est bien immorale et perverse et que Dieu a envoyé ce terrible fléau aux homosexuels pour les punir, *« les homosexuels bafouent et souillent le Christ et notre chère patrie porte donc la lanterne rouge du sida (J.M.) ». « S'il en était besoin, le sida vous démontrerait que ces gens-là satisfont des besoins sor-*

dides (B.T.). » « *À cause de vous, le sida va progresser. C'est eux qui l'apportent et je ne les plains pas (J.M.).* » Pour ces Torquemada, le VIH était bien l'instrument de la peine de mort qu'ils réclament quand ils crient « *les pédés au bûcher* ».

Père, pardonnez-leur car ils ne savent pas ce qu'ils font.

Le journal du hard

« Qu'ils s'enculent, mais qu'ils la ferment ! »

J.D.

Quand, plaidant pour la parité, j'évoque le machisme du monde politique, j'évite maintenant de raconter les anecdotes les plus grasses car finalement l'expérience m'a montré que le sexisme paternaliste et condescendant était sans doute plus dangereux. De la même façon, je crains comme la peste les bons apôtres qui commencent leurs discours par : *« Je n'ai rien contre les homosexuels, mais... »* et il m'arrive de préférer une homophobie bien obscène car elle est plus facile à combattre. Néanmoins, il était impossible de passer sous silence cette homophobie pornographique, tant elle est présente dans de très nombreuses correspondances d'opposants, parfois simplement par un mot grossier, quelquefois par des descriptions de plusieurs pages. Je fais ici bien volontiers l'aveu d'avoir opéré un travail actif de censure, car certaines lettres relèvent des bibliothèques spécialisées ou des curiosités d'asiles psychiatriques. Elles seront détruites après ce livre car je ne veux pas que mes enfants, après ma mort, trouvent de pareilles horreurs en triant mes papiers.

Mes interlocuteurs sont fascinés par les rapports homosexuels et sous prétexte de les condamner les décrivent avec moult détails. Ils commencent par les définir : « *spectacle ignoble, obscène, scandaleux* », « *perversion des instincts et actes immoraux* », « *outrage aux bonnes mœurs* », puis viennent les détails : « *Que devient l'acte pervers de pénétration d'un homme dans le tube où viennent se concentrer les excréments de son partenaire (P.P.)* ? » « *L'idée de me réveiller avec un visage barbu sur l'oreiller voisin m'écœure. Que ces messieurs prennent plaisir à baratter le caca, cela les regarde (M.M.).* » « *Pour les hommes, se servir de son trou du cul comme vagin, ou mettre son phallus dans un trou du cul considéré comme vagin sont des pratiques anormales. Donc les hommes qui s'adonnent à ces vices pédérastiques sont des anormaux.* » Le bouquet est certainement constitué par la perspective d'un enfant « adopté » par un couple d'homosexuels et qui, entrant la nuit dans la chambre de ses parents, verrait une scène de sodomie dont l'obscénité anatomique ne fait grâce d'aucune figure. Sous le masque de la répulsion, c'est une véritable fascination pour l'homosexualité qui transparaît, à peine dissimulée. Au risque de faire de la psychanalyse de cuisine, et j'en demande à l'avance pardon à Sigmund Freud et même à Gérard Miller, il y a là certainement une des clés majeures qui permettent de décoder cette haine maladive.

En effet, si la définition sexuelle est fondatrice de l'identité individuelle, la lucidité veut aussi que chacun puisse reconnaître en lui la part de l'autre sexe. Ce dialogue, ou mieux cette dialectique, est source d'enrichissement, mais aussi de conflit. En cas d'homosexualité refoulée par la pression sociale et familiale, le conflit est tel pour l'individu qu'il ne peut résister qu'en s'arcboutant désespérément sur une identité sexuelle acceptable. Moralité : plus l'homophobie est violente, plus l'homosexualité est latente...

Il est curieux de constater que cette aversion ne concerne pratiquement pas les lesbiennes, traitées tout juste de *« gouines »*, mais préservées des propos orduriers. *« Si les lesbiennes sont jeunes et jolies, l'idée de participer à leurs ébats est tentante. »* On retrouve ici un grand classique de la pornographie hétérosexuelle où le lesbianisme est un hors-d'œuvre avant les choses sérieuses, poussant ainsi à l'acmé l'instrumentalisation du corps des femmes.

Cet amour-haine tout naturellement se tourne contre moi, réputée complice de monstres. *« Députée des pédés, des salopes, des dérangés mentaux, des nuls, des lâches, des vendus »* (dites donc, ça m'en fait du monde comme électeurs !). Mais la plupart de mes insulteurs ont tout compris : évidemment, si je fais cela, c'est que je suis moi-même une gouine. Élémentaire, mon cher homophobe. *« Quand je vous vois, j'ai envie de vomir », « Honte à vous ! à vous voir pomponnée, fière de vous, médiatisée, on a pu voir à quoi vous aspiriez : les enfants, dehors ! »* et les injures pleuvent.

Certains se croient autorisés à des propositions graveleuses, à des interpellations glauques : *« Roselyne, tu es jolie, mais tu es con », « Cher gazon maudit », « Salut, Notre-Dame des tantes »*. Quand on est une femme en politique, il vaut mieux avoir le cuir épais et finalement, j'ai retrouvé dans ces horreurs le ton des billets qui ont émaillé toutes mes campagnes électorales et que connaissent bien mes collègues députées. Au début, elles me faisaient pleurer de colère et de dégoût.

Aujourd'hui, je les examine en clinicienne des désordres engendrés par l'exclusion des femmes de la vie publique : nous y sommes au sens propre ressenties comme « anormales ». On imagine ma vie personnelle avec des visions fantasmatiques à peine croyables et on engage mon mari à me battre pour me ramener à la raison, mais, certainement, *« il n'a plus de couilles dans le pantalon »*.

Pauvre minou...

Le procès en turpitude va se nicher là où je ne l'attendais pas. Deux missives m'attaquent sur mon engagement iraqien et Saddam Hussein *« droit dans son slip »* est qualifié de *« farfouilleur en petites culottes, experts en agressions sexuelles »*. Bien sûr, si je vais en Iraq, c'est parce que ses dirigeants mènent une vie de stupre et de fornication. Voilà un nouveau chapitre à proposer aux experts en désarmement de l'UNSCOM. Même M. Butler n'y avait pas songé !

Toutefois, quelques lettres m'ont laissée songeuse. Jean-Paul parle de *« ces invertis qui m'ont harcelé toute mon enfance, au patronage ou à l'école, chez les curés ou dans les clubs. Nous étions quelques-uns à subir des attouchements et invités à les rendre ce qui nous forçait à quitter les endroits où ces persécuteurs inlassables nous poursuivaient »*. D'autres expliquent par le menu les faits et ces histoires à peine supportables relèvent presque de la catharsis. On peut expliquer alors l'homophobie par un traumatisme enfantin, d'autant plus intense qu'il peut mettre en cause des parents ou des maîtres. Oui, la pédophilie existe, elle doit être sévèrement réprimée et activement prévenue. Mais elle ne saurait en aucun cas être confondue avec l'homosexualité. La très grande majorité des crimes pédophiles sont commis dans le cadre hétérosexuel et les pères incestueux le sont avec leurs filles beaucoup plus souvent qu'avec leurs fils. Quand Dutroux a commis ses abominations sur deux petites filles, il n'est venu à l'idée de personne de considérer l'hétérosexualité comme une déviance. Heureusement.

Ces horreurs écrites souvent non signées ont été accompagnées de tant d'injures lancées à la volée, de coups de téléphone anonymes, de dessins obscènes – que j'ai alors pris la décision de participer à la Gay Pride du 26 juin 1999, « *au défilé des culs défoncés et des fentes polluées* », comme la décrit poétiquement un épistolier. Je ne suis pourtant pas une fanatique de cette manifestation, n'ayant *a priori* rien à y faire puisque je ne suis pas homosexuelle, mais surtout parce qu'elle m'apparaît comme une manifestation communautariste, et je ne reconnais qu'une communauté, la République. Beaucoup d'amis, y compris ceux qui avaient fait l'effort de comprendre les raisons qui m'avaient amenée à soutenir le Pacte civil de solidarité, m'ont reproché d'y avoir participé. Ils y ont vu une volonté effrénée de médiatisation et m'ont demandé ce que j'allais faire dans cette galère. Cette participation n'était ni une gaminerie ni une fanfaronnade, j'y avais réfléchi plusieurs jours car j'avais tout à y perdre. Elle était ma réponse à l'abjection.

Il y a quelques années, j'ai reçu un vieux médecin juif, le docteur Désiré Haffner. Il était venu me raconter qu'au grand séminaire d'Angers, en plein cœur de la ville, on avait interné cinq cent quatre-vingt-dix-sept hommes, femmes et enfants juifs avant qu'ils soient déportés à Auschwitz. Seuls quatorze en étaient revenus et il était un de ceux-là. Il venait demander bien poliment si, quarante ans après, il ne serait pas possible de mettre une plaque sur le mur du séminaire, pour rappeler cette extermination. Aujourd'hui, il y a une plaque, mais comment la mémoire collective de ma ville a-t-elle pu gommer si longtemps cette horreur ? Que ni les autorités civiles ni les autorités religieuses ne s'y soient opposées était peut-être excusable sous une Occupation féroce, mais la cruelle vérité est qu'il était plus confortable de ne pas se souvenir et de refuser ainsi cette écrasante culpabilité. Ce jour-là, je me suis juré que je ne laisserais passer aucune discrimination.

« *Penser n'importe comment* », disait Grillparzer, « *procure toujours des satisfactions immédiates. À terme, quand les choses se tranchent, il vous faut supporter l'insupportable.* »

La haine

« Veuillez croire, Madame, à l'expression de mon profond mépris. »

M.F.

Tout au long de ma vie, j'ai toujours eu du mal à imaginer qu'un camp politique pouvait être le seul détenteur du bien ou du mal sauf s'il s'acoquine avec des forces intrinsèquement mauvaises, que celles-ci se nomment stalinisme ou nazisme, ou prône la discrimination entre les hommes et la négation de leur dignité.

Il est donc très difficile de penser qu'on puisse susciter la haine de gens qui ne vous connaissent qu'à travers un passage de quelques secondes à la télévision, des propos tronqués ou des commentaires journalistiques superficiels. Quel qu'il soit, l'homme politique est confronté un jour ou l'autre à cette haine brute qui nie son moi intime, ses dévouements, ses attachements, son idéal. Je me souviens, petite, d'avoir accompagné mon père dans ses réunions électorales, au bon temps des préaux bondés de militants et d'adversaires. Le meeting se déroulait dans une atmosphère surchauffée et le sentiment de menace physique était écrasant. Nous sortions, protégés par les fidèles, au milieu des grondements qui n'exprimaient pas le refus des idées, mais bien la haine de la personne : « Narquin, salaud, le peuple aura ta peau ! » Et j'avais envie de leur dire qu'ils se trompaient, que mon père était un homme comme les autres et qu'il était gentil et que nous l'aimions. J'aurais dû depuis toutes ces années avoir été préparée à affronter et à relativiser la violence, la bêtise et la pure méchanceté de ces lettres.

Mais celles-ci étaient telles que toutes m'ont laissée pantelante ; encore aujourd'hui, des phrases me poursuivent comme celle où l'on me reproche de sourire, mais *« méfiez-vous, votre sourire sonne faux et quand il disparaît, on voit la méchanceté et vos électeurs doivent avoir froid ».*

Il est d'abord confondant de constater que de nombreuses personnes ont pris soin de se renseigner sur ma vie privée, et elles m'ont donc accusée de vouloir attaquer le mariage pour me venger des hommes et parce que je hais les enfants. « *Je sais que vous n'en avez qu'un, vous avez voulu éviter de vous encombrer (O.P.).* » « *Les enfants ne vous embarrassent pas, vous rejoignez ainsi les socialistes qui n'ont généralement pas d'enfant, sauf la concubine Ségolène qui en a quatre (J.G.).* » « *Avec un seul enfant, vous comptez sur les enfants des autres pour payer votre retraite (J.G.).* » « *L'égoïsme se lit sur votre visage : vous ne pensez qu'à vous pendant que des femmes admirables se sacrifient pour que la France continue d'exister (M.A.).* »

Des dizaines de correspondants m'abreuvent d'injures à caractère homophobe particulièrement violentes : « *sale gouine* », « *si tu fais ça, c'est pour que la société excuse tes vices* », dans des poulets où le tutoiement méprisant est de rigueur.

De nombreuses lettres vont beaucoup plus loin et reprennent une antienne connue sur la dépravation qui colle à la réputation des femmes politiques comme une tunique de Nessus : « *Tout le monde sait à Angers que vous collectionnez les hommes* », « *Tu n'es qu'une pute* », « *Il faut une salope comme toi pour soutenir les pédophiles* » (courriers anonymes), « *Dire qu'avec mes impôts, j'entretiens une personne comme vous ! Vous êtes l'expression moderne de la Grande Prostituée de l'Apocalypse (J.D.)* ». Il faut savoir que l'injure à connotation sexuelle est le lot quotidien des femmes en politique. Chaque élection est l'occasion de lettres anonymes accusant de mœurs dissolues, les affiches des candidates sont surchargées de graffiti obscènes, et même les journalistes s'y mettent insidieusement en nous demandant comment nous concilions notre fonction avec notre vie familiale, laissant entendre que nous sommes des mères dénaturées. Pendant les élections municipales de 1995, des ragots infâmes avaient accompagné de façon lancinante la campagne que je menais à la tête de la liste d'opposition. Ils avaient d'ailleurs été orchestrés par des militants politiques qui par la suite se draperont dans les plis du manteau paritaire. Passons... Ces épouvantables ragots avaient même fini par déstabiliser un de mes colistiers qui se demandait si je n'étais pas la réincarnation de Messaline. Le hasard voulut qu'il se rende à Nantes où Élisabeth Hubert jouait, elle aussi, un épisode de *Mission impossible.* Quelle ne fut pas sa stupéfaction d'entendre les mêmes anecdotes graveleuses attribuées à Élisabeth, et certifiées puisées à « la meilleure source ». Ben voyons ! Cela eut au moins le mérite d'éclaircir pour lui un des mécanismes qui éloignent les femmes de la vie publique presque plus sûrement que le fonctionnement clanique des partis. Le PACS était évidemment pain bénit pour les affreux.

Beaucoup m'accusent de faillir à la patrie et décident de me classer dans le camp de l'infamie : *« Vous êtes de ces naïfs qui acclamaient Daladier et Chamberlain au retour de Munich » ; « Vous n'avez sûrement pas compris le message de Spielberg dans le* Soldat Ryan *et vous ne méritez pas le sacrifice de tous ces jeunes Américains qui sont morts en Normandie pour nous libérer de Hitler » ; « Vous vous faites la complice de ceux qui ont exterminé les enfants dans les chambres à gaz puisque vous voulez donner des enfants aux pédés pour qu'ils s'amusent avec. »*

Ma complicité va être requise dans pratiquement tous les sales coups ou supposés tels du siècle. Je suis dans le camp de ceux qui *« ont organisé la déportation d'un million de pieds-noirs et regardé avec complaisance cent cinquante mille harkis se faire égorger (P.D.) »*. Un médecin : *« Décidément vous êtes dans tous les mauvais coups : après avoir voulu faire rendre gorge aux médecins, vous vous attaquez à la famille », « Vous êtes la complice de la gauche et donc du sinistre parti communiste qui a fait assassiner des millions de personnes (A.A.) »*. Je suis tour à tour complice d'adolescentes qui ont assassiné une épicière ou de jeunes qui agressent les cheminots dans les trains de banlieue et, cerise sur le gâteau de... Dutroux puisque j'encourage la pédophilie.

Il y a deux missives qui m'assurent que Lucy, nom donné à un des plus vieux squelettes féminins retrouvé en Éthiopie, doit se retourner dans sa tombe. Quand on pense que la pauvre fille est morte à une vingtaine d'années après avoir été engrossée par plusieurs mâles de sa horde, on frémit de la morale naturaliste ainsi exprimée. Ouf, pas une lettre toutefois pour m'accuser du naufrage du *Titanic*, mais des dizaines pour me désigner comme la liquidatrice de la France, de l'Europe chrétienne, de la famille, de la religion, de la droite, du RPR, de la sécurité, de la morale, de la vie et du gaullisme.

Curieusement, c'est sans doute cette dernière accusation qui fait le plus mal. *« Vous n'êtes plus digne d'appartenir au parti gaulliste » ; « Je vais quitter le RPR pour ne pas risquer de vous y côtoyer » ; « Vous pouvez être sûre que le général de Gaulle et Mme de Gaulle n'auraient pas signé un PACS » ; « Vous salissez le RPR et il est déjà en assez mauvaise posture ».* Tout au long de ce véritable chemin de croix, j'ai cherché en quoi j'avais renoncé à mon idéal, en quoi j'avais trahi mon mouvement, où, dans les statuts de celui-ci, il était indiqué qu'il fallait être contre le Pacte civil de solidarité. J'ai remâché les noms de tous ceux, nombreux, qui avaient à juste titre exprimé leur singularité et avaient ainsi donné au parti gaulliste l'image d'un grand rassemblement, le métro à cinq heures du soir avait dit de Gaulle.

C'est le propre et la force d'un grand parti d'accepter les différences et la caractéristique d'une organisation blessée de se recroqueviller dans sa niche pour lécher ses plaies et de mordre la main qui veut lui porter secours. Si demain les chefs du parti gaulliste choisissaient cette stratégie, ils gagneraient peut-être quelques élections internes, mais ils ne seraient plus que les généraux des âmes mortes. Ils auraient rejoint, eux aussi, le parti de la haine.

La haine, c'est aussi pour le politique de se voir attaqué dans son aspect physique, caricaturé avec des insuffisances qui le font parfois souffrir depuis l'enfance quand, avec cruauté, les copains de classe vous moquaient dans la cour de récré. Tout resurgit, et lâchement je n'ai pas eu le courage de relire ces lettres pour en révéler quelques extraits, mais tout y passe : les cheveux, la silhouette, les dents, les mains, et même la forme des oreilles où un analyste attentif a cru trouver la preuve de ma lâcheté. Un pauvre type a enregistré des émissions où je paraissais et m'indique les avoir regardées plusieurs fois au ralenti : il n'a pas repéré le grain de beauté de ma cuisse gauche, mais tout le reste y passe et pas en termes flatteurs.

Les pauvres, *« vous vous en foutez »;* l'Iraq, *« c'est pour prendre des vacances aux frais du contribuable »;* la parité, *« c'est pour être sûre d'être réélue aux prochaines élections »;* la cause palestinienne, *« parce que vous voulez la destruction de la France et de l'Église par les Arabes » ;* les handicapés *« pour faire bien dans le paysage, mais en fait vous vous en moquez »*, le soutien à Chirac *« une preuve, s'il en fallait une, de votre débilité »*. Égoïsme, frivolité, opportunisme et bêtise tressent la couronne autour de l'absence totale de convictions et de sens de l'intérêt général.

Tout ça pour ça.

Chaque fois que j'ai douté, que j'ai pleuré, que j'ai eu peur, j'ai pensé aux ignobles et je suis repartie à la bataille.

C'était aussi contre eux.

POUR UNE NOUVELLE POLITIQUE

À droite....

« L'héritage du général de Gaulle, c'est aussi de ne rien céder sur une certaine idée de l'intérêt général lorsque l'essentiel est en jeu, que l'on soit minoritaire ou non. »

A.B.

Dans un sondage effectué par la SOFRES pour *Le Figaro* les 25 et 26 juin 1999 auprès d'électeurs du RPR, de l'UDF, de DL et du RPF, 58 % d'entre eux jugent négatif le Pacte civil de solidarité. Cette majorité indiscutable conforte ceux qui parmi les responsables de l'opposition, à défaut de convictions bien ancrées, avaient jugé habile d'aller dans le sens du vent. Combien de fois n'ai-je pas entendu dans nos réunions internes locales et nationales que notre électorat était contre et qu'il ne fallait pas le traumatiser, ou comme me l'avait confié un collègue qui inonda par la suite la presse locale de communiqués incendiaires : « Moi, tu sais, le PACS, je serais plutôt pour, mais je n'ai pas envie de perdre les élections ! »

Pourtant, à la suite de Colette Ysmal, la politologue du *Figaro,* il convient de noter que plus qu'affaire de philosophie politique, c'est l'âge qui apparaît comme le facteur discriminant. En effet, 55 % de nos électeurs de moins de 35 ans se déclarent favorables au PACS, alors qu'ils ne sont plus que 23 % après 65 ans. Ceux qui pratiquent le « basisme » (j'écoute mes électeurs et je leur obéis) feraient alors bien d'affiner leur analyse et de méditer quelques enseignements pratiques de cette consultation. Première leçon : moins les personnes sont concernées par un dispositif, plus elles ont tendance à s'y opposer. C'est d'ailleurs la même chose pour les 35 heures : les travailleurs indépendants sont contre alors que 60 % des ouvriers de droite sont pour.

Il serait moralement indéfendable d'aller puiser à la source des sondages les raisons de son engagement, et tout particulièrement pour ce qui concerne le pacte de solidarité. J'ai toujours eu le plus profond respect pour celles et ceux que j'ai vus combattre pour des raisons de fond même si j'étais en désaccord avec eux. On ne peut revendiquer le droit à la liberté de pensée et d'expression pour soi et ensuite le refuser aux autres.

Mais l'aveuglement de l'opposition sur l'état réel de l'opinion publique l'a amenée à une contre-performance majeure en termes de communication qu'elle va payer au prix fort. Elle aurait pu sans doute gérer cette contradiction entre la nécessité de s'opposer et l'habileté de prendre en compte certaines réalités. Il faut reconnaître que le RPR a tenté de le faire mais que le bon sens n'a pas résisté à l'explosion des passions. La tardive prise de conscience de ses responsables et leur partiel *mea culpa* n'a fait qu'aggraver l'image de bateau ivre.

En politique, les erreurs ne s'annulent pas, elles s'additionnent.

On peut s'interroger sur l'origine de cet aveuglement, alors que bien avant que la polémique ne prenne cette tournure déjantée, un responsable de la SOFRES, auditionné devant l'intergroupe de l'Alliance, avait parfaitement exposé les lignes de force que confirmeront par la suite le sondage du *Figaro* ou l'étude du CECOP (Centre d'études et de connaissances sur l'opinion publique).

L'étiolement de notre appareil militant et sympathisant constitue certainement une des origines de ce brouillage. Pendant des décennies, celui-ci dans sa diversité d'âges, de professions, de classes sociales était un remarquable outil de connaissance sociétale.

Aujourd'hui, il revient au responsable politique de former les réseaux, de trouver les relais en n'oubliant jamais que la vie officielle ne nous met réellement en contact qu'avec 5 % de la population, toujours la même.

Deuxième leçon : les jeunes en constituant le gros bataillon, le temps joue pour les partisans du pacte de solidarité et donc contre l'opposition. Troisième et dernière leçon : plus du tiers de nos électeurs sont d'ores et déjà acquis à la mesure. La question est donc de savoir comment a été vécue par eux la stratégie de diabolisation voulue ou subie par nos responsables.

Il est bien entendu que les homosexuels de droite on ressenti comme un véritable outrage les incroyables dérapages verbaux du débat parlementaire comme l'assimilation de l'homosexualité à la zoophilie ou leur renvoi aux services vétérinaires. Mais dans leur immense majorité, mes correspondants parlent d'eux-mêmes, militants et sympathisants, pour nous dire qu'ils et elles ne se reconnaissent plus en nous. J.H. parle de *« champ de ruines des illusions perdues et des espoirs déçus »; « nos représentants présentent un comportement des plus médiocres (P.N.) »* ; *« guignolesque (J.N.) »* ; *« quel dommage que la droite sache si peu être simplement humaine (P.T.) »* ; *« j'ai toujours voté à droite mais je découvre qu'elle n'est libérale que pour les questions d'argent (D.A.)* ». Ils rappellent en vrac les trahisons de la dernière présidentielle, la guerre des chefs, la dissolution ratée et même l'éviction des femmes du gouvernement Juppé. « *Plus que jamais, l'opposition mérite d'être battue (H.D.).* »

Heureusement que pour certains cette affaire est néanmoins une occasion d'espérer, et Jacques évoque sa « *fierté d'appartenir au RPR qui a su accepter qu'une opinion minoritaire puisse officiellement trouver un écho dans ses rangs* ». Georges m'indique : « *Je vais peut-être reprendre sa carte au RPR à cause de vous* ». « *Vous avez rendu ridicule l'intolérance, c'est une vraie leçon de gaullisme* (P.T.). » Ces courriers consoleront le parlementaire ami qui m'a assuré que ma position avait fait perdre 500 000 voix au RPR ! Bigre, je ne m'imaginais pas un tel pouvoir...

Au-delà des jugements à l'emporte-pièce, des cris de désespoir ou des compliments flatteurs, mes correspondants donnent aussi un certain nombre de conseils non dénués de bon sens.

Tout d'abord, beaucoup d'entre eux ne comprennent pas la tactique d'obstruction parlementaire. Une jeune militante parle de « *l'opposition qui se montre dans ce débat sous un jour si minable avec ses manœuvres ridicules et procédurières pour reculer un vote qui passera de toutes façons et qui se moque de représenter dignement les électeurs* ». Il faut dire que les péripéties des différentes lectures du projet de loi peuvent constituer un excellent sujet d'études pour le jeune étudiant en sciences politiques qui voudrait s'initier aux arcanes des procédures de l'Assemblée. Tout y est passé : motions de procédure, discours interminables, palanquée d'amendements, altercations, insultes, pleurs, incidents de séance, émeutes journalistiques dans la Salle des Quatre Colonnes. J'ai toujours remarqué que ces joutes nous paraissaient à nous autres députés furieusement amusantes mais qu'elles nous faisaient passer pour des gamins braillards et mal élevés. Philippe Séguin avait bien amélioré les choses en réformant le règlement, mais il faudrait sans doute aller plus loin et ainsi restaurer une image passablement dégradée : interdiction renforcée du cumul des mandats et des fonctions, modulation de l'indemnité parlementaire en fonction de la présence effective, limitation de la durée des motions de procédure, examen des amendements dans une salle de séance équipée des nouvelles technologies de l'information et de la communication.

Nos électeurs proposent aussi une rénovation complète du personnel politique et ils voient dans la féminisation une chance à saisir. Une mamie bordelaise de 75 ans voudrait que *« les femmes profitent de cette lamentable situation de désarroi dans laquelle se trouve ce qu'il faut bien appeler la droite »*. Elle est rejointe par tous ceux qui pensent que les femmes sont moins préoccupées par leur carrière et que là réside la source de mon indépendance. Sans doute... mais, même si les hommes politiques les ont terriblement déçus, je crains que mes interlocuteurs ne nous idéalisent un peu.

Ensuite, et c'est une préoccupation évoquée surtout par des cadres de nos mouvements, il nous est reproché de ne pas prendre en compte les mutations d'une société qui bouge. Un secrétaire départemental du RPR avoue : *« Nous ne réfléchissons pas assez aux problèmes de société et nous suivons une partie de notre électorat aux raisonnements trop sommaires et définitifs. » « Même si nous avons des convictions de droite sur la nation, l'économie, la sécurité, une foule de gens n'en ont pas moins une vision ouverte vis-à-vis de la société et de ses problèmes »*, confirme un jeune conseiller municipal (D.L.). J'ai pensé en les lisant à cette commission exécutive de notre mouvement où j'avais proposé la création d'une cellule de veille sociétale qui reste toujours à instituer. Je ne doute pas que nous y arriverons un jour, s'il n'est pas trop tard.

Enfin, cette crainte souvent exprimée de voir l'opposition se scléroser, se refermer sur elle-même, est accompagnée par le regret qu'il n'existe pas une offre véritable d'une droite sociale et moderne : « *il manque un courant progressiste au sein de l'opposition* (D.A.) ». Ces personnes ne souhaitent pas d'ailleurs que l'opposition soit unie autour de ces valeurs et elles admettent fort bien qu'elle puisse s'enrichir de plusieurs sensibilités. Maurice, vieux gaulliste, grogne : « *La gauche gagne en étant plurielle, pourquoi pas nous ?* » Avis aux amateurs.

Se soumettre ou se démettre

> « *Voilà un vrai député, capable de s'élever au-dessus des calculs politiciens. Vous aviez le langage d'un esprit libre, serein, humaniste. Une bouffée d'air frais crevait l'écran.* »
>
> J.T.

> « *Vous avez le droit d'avoir des opinions personnelles, mais en tant que RPR, vous n'avez pas le droit de défendre des idées qui ne sont pas celles de la droite.* »
>
> Anonyme.

Dans les courriers d'opposants, certains tranchaient sur la tonalité générale de l'injure et de l'ordure. Il en était ainsi d'une gentille nantaise, Andrée C. : « *Je m'interroge,* disait-elle, *sur le rôle du député en général. Je croyais que celui-ci se devait d'utiliser la voix dont il dispose pour représenter la majorité de ceux à qui il devait sa charge, or je crois désormais qu'il n'utilise pas cette voix pour parler au nom de ces électeurs mais plutôt au gré de ses états d'âme personnels.* » Elle rejoignait de façon polie l'injonction d'Avenir de la Culture sommant Jean-Louis Debré de m'exclure du RPR et moi-même de démissionner puisque « *je bafouais les convictions de mes électeurs* ». D'autres le diront encore moins aimablement : « *allez-vous-en du RPR, et mieux démissionnez* », « *avez-vous consulté vos électeurs de Maine-et-Loire, si vous ne partez pas maintenant, ils vous chasseront plus tard* », « *Versez-vous des larmes eu égard à votre avenir politique que je souhaite vivement écourté* », « *Fous le camp, salope* ».

Andrée posait en fait une vraie question de morale politique : comment doit voter un député, selon sa conscience ? en suivant les ordres de son groupe politique ? en obéissant à la majorité de ses électeurs ?

Chaque fois qu'une question est apparemment compliquée, il faut aller à l'essentiel, ici à la Constitution de la Ve République et plus précisément à son article 27. Il tranche le débat par ces simples mots relatifs à l'exercice du mandat parlementaire : « *Tout mandat impératif est nul.* » L'homme de la rue ignore presque toujours que « son » député n'est pas élu pour représenter les intérêts de la circonscription qui l'a élu, mais ceux de la France. Représenter les seuls dossiers de sa circonscription serait « un mandat impératif ». Élu à Angers, il est aussi le député de Toulouse ou de Pointe-à-Pitre. Si un seul député est présent en séance sur les bancs du Palais-Bourbon, il y représente la Nation entière et chaque parlementaire est dépositaire de cette légitimité globale. Il faut reconnaître que l'ignorance constitutionnelle de l'électeur est partagée par de nombreux députés qui sont persuadés, en toute bonne foi, que leur rôle est strictement de répercuter les inquiétudes ou les souhaits des habitants de leur secteur; ils font un contresens grave. On est en droit de penser que les groupes politiques qui contraignent dans leurs statuts leurs membres à la discipline de vote contreviennent à un principe fondamental. Il était ainsi profondément choquant que le Parti socialiste oblige par des menaces à peine voilées ses députés récalcitrants à se soumettre. Le Rassemblement pour la République en laissant dans son règlement intérieur l'entière liberté de vote à ses députés ne fait qu'observer l'esprit et la lettre des institutions de la Ve République, ce qui est bien le moins.

Un député peut prendre des avis, jamais des ordres.

Ce problème juridique étant réglé, le parlementaire peut néanmoins souhaiter dans un souci de démocratie se conformer, comme le souhaite Andrée, à la volonté de *« la majorité de ceux à qui il doit sa charge »*. Certes, mais comment connaître cette opinion? On voit mal le parlementaire flanqué d'un institut de sondage permanent qui lui permettrait de prendre la température de ses mandants sur ce qu'il lui convient de voter un jour sur le traité d'Amsterdam, le lendemain sur les liens entre le garde des Sceaux et le parquet, sujets, au passage, autrement plus importants que le Pacte de solidarité. Je suis toujours frappée de voir les membres de mon entourage extrapoler de l'état de l'opinion publique à partir du cercle souvent très restreint de leurs proches.

Au moment du référendum sur Maastricht, j'avais au grand dam d'une majorité de militants décidé de voter oui. Lors d'un conseil départemental mémorable, on m'avait assené que *« d'ailleurs, tout le monde était contre »* et que *« maintenant, j'étais trop à Paris et que j'étais coupée de la base »*. Quand on a ouvert les urnes, deux électeurs sur trois de ma circonscription avaient voté oui...

Tous les sondages qui ont été effectués ont dégagé une large majorité de Français favorables au PACS. Dans ma circonscription, les avis étaient très partagés, les encouragements nettement plus nombreux que les critiques, les courriers amicaux l'ont emporté sur les courriers hostiles, même dans ce secteur que des journalistes ont qualifié sottement de réactionnaire alors qu'il ne veut que simplement concilier tradition et modernité. Mais, continueront mes contradicteurs, il vous suffit de n'écouter que les électeurs de droite qui ont voté pour vous et qui se prononcent, eux, à 58 % contre le PACS (sondage *Figaro* SOFRES de juin 1999) ! Tout se complique alors pour la pauvre députée de l'opposition obligée de soutenir les emplois-jeunes plébiscités à 67 % par l'électorat de droite et de condamner Jacques Chirac pour la reprise des essais nucléaires qui ne reçoit le soutien que de 13 % du même électorat.

Et pourtant, je soutiens que les emplois-jeunes sont une mauvaise mesure et que les essais nucléaires étaient indispensables à notre défense.

Imaginons qu'un élu se soit engagé depuis plusieurs années sur un dossier, qu'il batte les estrades de colloques en conférences, de communiqués en articles ; heureux, il voit la cause pour laquelle il s'est battu se concrétiser sous forme d'un projet de loi. Hélas, ce sont ses adversaires qui déposent le projet. Et il s'y opposerait au seul motif de l'esprit partisan ? Ce n'est pas moi qui ai rallié mes adversaires sur ce dossier, ce sont eux, certains par conviction, d'autres par opportunisme, beaucoup par discipline, qui ont rejoint le petit noyau de convaincus que nous formions.

Décidément, il n'y a qu'une seule attitude possible et je réaffirme avec force que c'est l'honneur d'un parlementaire de voter selon sa conscience.

Toutefois, la démission s'impose si l'élu s'est engagé publiquement sur un dossier ou une appartenance politique et qu'il renie cet engagement. D'une certaine façon, je ne saurais trop remercier Avenir de la Culture d'avoir rappelé que « *mon soutien n'était pas un simple accident de parcours* » et qu'en janvier 1997, je participais à un colloque au Sénat annoncé dans les médias pour soutenir le Contrat d'union sociale. À tous ceux qui m'ont interpellée sur ce dossier, j'ai toujours répondu avec beaucoup de clarté, y compris à mon concurrent villieriste aux législatives de 1997 qui me demandait de désavouer ma position pour obtenir de lui un communiqué de soutien au deuxième tour. J'ai refusé puis je suis allée vomir de dégoût que l'on puisse exercer sur moi un tel chantage.

J'ai été élue et on voudrait que je démissionne ? Mais pourquoi ?

Et le pilonnage a continué pendant les élections régionales de 1998 où j'ai été l'objet d'une campagne souterraine mais particulièrement venimeuse sur ce thème.

Enfin, si j'avais eu un doute sur la légitimité de l'attitude qui veut que l'on ne prenne d'ordre ni dans les officines de sondages ni chez les groupes de pression – si influents soient-ils – des milliers de lettres m'y auraient encouragée. De loin, quand on analyse ces 8 000 messages, c'est l'appel à la liberté qui domine. À une écrasante majorité, les gens rejettent le fonctionnement des appareils politiques, jugé archaïque et bouffeur de liberté. Ils ne comprennent pas que l'on puisse mettre sa conscience en berne pour de basses manœuvres politiciennes et, hélas, ils ont le sentiment que c'est trop souvent le cas.

De droite :

« *Vous quittez les rivages du politiquement correct et du conformisme ambiant. Cette attitude me convient tout à fait* (P.L.). » « *Vous faites honneur aux femmes et vous nous redonnez un peu d'espoir dans ce que devraient être nos représentants* (F.M.). » « *Je suis du RPR et j'ai toujours trouvé dommage que les directives des partis empêchent de voter en son âme et conscience* (C.C.). » « *Quoique pas d'accord sur le fond, bravo pour votre détermination qui vous honore beaucoup* (J.A.). » « *Je vote moi-même pour le RPR mais on peut aller à l'encontre des comités directeurs et je vous demande de ne pas démissionner* (C.S.). »

« *À chaque intervention de votre part, je reprends goût à la politique, car je suis de votre famille RPR mais je commençais à désespérer* (J.G.). »

De gauche :

« Il y a bien longtemps que je n'ai pas été fier d'un homme ou d'une femme politique française et vous m'avez presque réconcilié avec la politique (F.O.). » *« Vous avez fait honneur à votre fonction de député, citoyenne au service de ses concitoyens* (G.L.). » *« Vous m'avez plus impressionnée que certains députés socialistes. Je pense que désormais je pourrais voter pour vous* (A.D.). » *« De telles attitudes contribuent en outre à faire oublier l'image parfois lamentable qui est donnée de la politique et renforcent incontestablement chez nos concitoyens le sens du civisme et du débat républicain* (A.D.). » *« Je n'ai pas les mêmes idées que vous mais j'ai des amis à droite qui agissent en gens de bien... C'est pareil avec vous ! Je me permets de vous serrer la main.* (M.A). »

Qu'on ne s'y trompe pas : l'étiolement que je regrette au RPR est en fait partagé par l'ensemble des partis politiques français. Un grand leader socialiste que, par pure charité, je ne citerai pas, est venu tenir un meeting à Angers devant 80 militants ; le PC, bastion du militantisme, est devenu selon l'aveu d'un adhérent un lieu « où l'on s'emmerde ». Quant à mes troupes, divisées par cinq depuis vingt ans, elles tiennent bon autour des méchouis, bals, galette des rois, apéritifs qu'avec un dévouement inlassable organisent les quelques cadres qui nous restent.

Et certains pensent qu'il faudrait que rien ne change ? qu'il ne faut surtout rien bouger en espérant le retour du bon vieux temps ?

Si l'on veut, un jour, ramener les gens et en particulier les jeunes vers la politique, il faudra d'abord qu'ils soient persuadés qu'ils ont en face d'eux des gens qui ne craignent pas de prendre des coups pour défendre leur cause.

Finalement, dans une interview, mon collègue Patrick Devedjian a peut-être donné la clé pour déterminer la meilleure attitude pour le politique. Interrogé sur ma légitimité à appartenir au RPR, il convenait qu'être seul contre tous, c'était aussi cela être gaulliste. Si de Gaulle avait suivi la majorité, comme m'y conviait Andrée, il aurait collaboré à coup sûr avec Pétain.

Prenez-la !

> *« Celui qui vient au monde pour ne rien troubler ne mérite ni égard ni patience. »*
>
> René CHAR (cité par J.-C.L.)

Ce soir de novembre où, à bout d'émotion et de fatigue, j'étais à mon banc seule contre tous les miens, je n'ai pas entendu ce collègue qui lança à la gauche qui m'applaudissait : *« Prenez-la ! »*, comme si mon attitude n'était plus que celle d'un transfuge qui va se jeter dans les bras du clan adverse. Fort heureusement, la grande majorité de mes amis politiques ne m'a jamais considérée comme une renégate, et cette juste appréciation se retrouve à l'unanimité chez les électeurs de gauche. Pas une lettre pour penser que j'ai rejoint leur camp et, encore beaucoup plus curieux, pour souhaiter que je le rejoigne, comme si la fonction d'icône exigeait que je reste dans l'opposition.

Il était logique que les citoyens de la majorité expriment leurs encouragements, d'autant que le débat ne faisait pas passer la ligne de fracture dans l'opinion publique entre la gauche et la droite comme à l'Assemblée nationale. C'était logique pour ceux qui soutenaient le projet mais aussi pour ceux, nombreux, qui se posaient des questions. Pour ceux-là aussi, les choses auraient été plus simples si la confrontation avait pu être transversale. Le malaise des électeurs de l'opposition favorables au Pacte de solidarité et soumis à certains propos délirants et outranciers se retrouve homothétiquement chez les électeurs de la majorité contraints de proclamer « grande avancée sociale » un texte dont Lionel Jospin et ses candidats avaient soigneusement évité de parler durant la campagne de législatives, sauf devant certains auditoires ciblés.

Une autre démarche qui rapproche les électeurs des deux camps est l'aveu de finalement assez mal connaître le dossier et de s'intéresser surtout au fonctionnement du monde politique et d'exprimer un dégoût profond pour son personnel et ses méthodes. Ce doute, cette incompréhension, mais aussi cette fraternité sont magnifiquement décrits dans le courrier de Vincent : *« Ce n'est jamais facile de reconnaître en un adversaire politique une sœur en humanité. Il est tellement plus plaisant de se cantonner dans nos certitudes. Et puis voilà, parfois, qu'un de ceux-là se lève, et dit des choses justes, et les dit avec force et émotion. Il passe alors sur nos convictions intimes une bourrasque dérangeante, un vent ironique. Vous avez incarné lors de votre discours sur le PACS une tradition humaniste, une éthique républicaine que je croyais bêtement réservées à mon parti, à la gauche. Ce jour-là, vous étiez ma France.*

« Nous n'en finirons sans doute jamais d'attaquer les moulins de la bêtise, d'affronter les imbéciles, les démagogues, les intégristes de tout poil.

« Je me réjouis de savoir qu'alors dans l'autre camp, une amie lutte aussi et que son courage, quelle que soit sa carrière future, la hisse au rang des Simone Veil, des Robert Badinter, des Louise Michel qui, toujours, ont porté haut l'honneur de notre Nation.

« Vous avez rappelé à un militant socialiste que l'intelligence transcende les clans, les partis et les choix politiques.

« Il est possible qu'un jour, nous ayons à nous affronter, sur d'autres thèmes, pleins de cette violence que créent nos intimes convictions. Si cela se produit, je n'oublierai pas que vous fûtes, un jour, ce que j'aurais rêvé d'être. Ici passa une femme. »

Tout y est : la certitude que nous sommes bien toujours adversaires politiques, mais que tant de causes méritent que l'on dépasse les clans et les chapelles, que la vision manichéenne du combat des idées n'est plus compréhensible dans un monde complexe et que, comme le Petit Prince, on ne voit bien qu'avec le cœur. Une lettre comme celle-là, quand on la reçoit, permet d'affronter la meute hurlante sans peur. Elle est glissée, comme un viatique, dans l'ourlet de la pèlerine qui protège des tempêtes.

Le souhait de la politique « autrement » se retrouve donc aussi chez les électeurs de gauche et surtout chez les élus. À travers leurs témoignages, on comprend que le fonctionnement interne de leurs partis s'est beaucoup rigidifié et l'héritage libertaire et parfois anarchiste de certains militants les met alors profondément mal à l'aise. On pouvait croire que le forcing exercé sur les députés socialistes relevait de la discipline majoritaire exigée de façon compréhensible par un gouvernement qu'ils prétendent soutenir. Cela n'ôtait rien à la triste cocasserie des propos de cette députée socialiste qui déclarait le 14 octobre 1998 au *Midi Libre* : « *Ce projet manque de clarté. Je crains surtout pour les enfants mineurs. Le PACS ne va pas dans le sens de l'indispensable responsabilisation des parents* » et qui, après ces paroles définitives, votera le texte à chaque lecture. Cette tyrannie est en fait largement diffusée, en particulier au PS, et la chienlit du congrès de Rennes n'est plus qu'un souvenir d'ancien combattant.

Une ancienne élue socialiste : « *J'ai mesuré combien il est difficile de se battre contre tous ses amis politiques* », rejoint un militant de la gauche socialiste qui « *remonte le courant majoritaire comme le saumon remonte la rivière* ». « *Vous ne pouvez deviner,* m'avoue un militant, *comment cela fonctionne chez nous* », « *Je sais ce que vous ressentez mais au moins on peut se regarder dans la glace le matin* », « *Ce débat m'apprend que le conservatisme peut être de gauche* ». Je ne sais pas si ces confidences pudiques étaient destinées à me consoler, mais elles rejoignaient parfaitement ce que j'ai pu observer au Palais-Bourbon depuis juin 1997; il est d'ailleurs curieux que les commentateurs politiques n'aient pas analysé cette composante fondamentale de la méthode Jospin et de ses principaux lieutenants qui distribuent hochets et prébendes en fonction exacte de la servilité affichée. Les principaux ministres se sont ainsi constitués des écuries dont les éléphants sont soigneusement exclus au profit de jeunes « Marie-Louise » disciplinés. Certes, la pente naturelle des excellences les porte toujours un peu à ces facilités, mais elles sont maintenant érigées en système.

Plus qu'à plaider pour le PACS, mes correspondants votent pour la liberté : « *Le courage paie toujours en politique. Dommage que les députés socialistes n'en aient pas autant que vous* (M.C.). » « *La voie que vous tracez vous honore. Résistez et continuez de démonter votre conviction personnelle... Il y a trop de politiciens et pas assez de politiques* (A.F.). » « *Les députés oublient qu'ils sont les représentants du peuple et non les représentants des partis* (J.M.). » « *Je vote à gauche mais vous m'avez plus impressionné que certains députés socialistes* (A.D.). » « *Si tous les élus se comportaient comme vous, la démocratie serait plus vigoureuse et plus belle* (C. et J.M.). »

Cette volonté de liberté et de courage est donc exprimée de façon d'autant plus claire que les députés socialistes ont donné le sentiment d'avoir tenté une manœuvre dilatoire lors du vote de l'exception d'irrecevabilité, accusation largement injuste, ou d'avoir plié devant les oukases de leur groupe de peur de perdre leur investiture, accusation, elle, plus étayée.

Mes correspondants ont aussi des réactions purement affectives, parfois amoureuses. Ainsi, à la fin d'une lettre très cérémonieuse et un brin ampoulée, un socialiste octogénaire m'envoie ses respectueux hommages et... de gros bisous. « *Vous étiez la perle de rosée de cet hémicycle* (J.-C.L.). » « *Je suis sûre que vous étiez très belle quand vous êtes montée à la tribune défendre vos convictions* (P.-E.P.). » « *Je vous aime, vous avez été bouleversante. Courage, ne cédez pas !* (P.L.). »

Les témoignages sont encore bien plus étonnants de la part des électeurs de gauche de ma circonscription, ceux qui depuis des années m'ont combattue avec la certitude que j'étais le mal absolu. Beaucoup disent avec regret qu'il ne faut pas mettre les gens dans des cases et D.B. cite Camus qui définit l'enfer comme *« des rues à enseignes où l'on est classé une fois pour toutes »*. J.-G.C. avoue : *« J'ai toujours voté à gauche. Je vous regardais de l'œil courroucé qu'a le Grec pour le Turc ! Maintenant, en vous voyant déambuler tranquillement sur le marché Lafayette, je penserai : une honnête femme est parmi nous. »* On jurerait presque qu'ils se reprochent leur sectarisme et assurent qu'on ne les y reprendra plus.

Chiche ?

Car c'est bien la question qui a été souvent posée : les voix que l'on perd indubitablement dans son propre camp en choisissant d'être un franc-tireur ou plutôt une franche-tireuse, les récupère-t-on dans le camp adverse ? Le mode de fonctionnement de l'électorat de gauche incline à en douter. Dans son livre *Le Divan des politiques*, Gérard Miller évoque le phénomène de sujétion de l'électorat de gauche qui préférera toujours voter pour le pire de ses candidats plutôt que pour le meilleur des candidats de droite. J'eus d'ailleurs la confirmation de ce comportement lors de deux rencontres effectuées à quelques heures d'intervalle. La première mettait en scène un vieux militant socialiste chrétien et humaniste qui, après m'avoir couverte d'appréciations flatteuses, m'avoua qu'il ne voterait jamais pour moi et qu'il irait jusqu'à me préférer un stalinien de la pire époque au nom de la solidarité de gauche ; la deuxième me faisait dialoguer avec un Angevin de la bonne bourgeoisie qui m'assura qu'il ne voterait plus pour moi au motif du PACS et, comme je lui faisais remarquer que mon challenger du deuxième tour des prochaines législatives serait sans doute un ardent défenseur du projet, il eut cette phrase terrible : « *Oui, mais vous, madame, vous méritez d'être punie !* » Des experts électoraux ont estimé que les médecins avaient signé notre arrêt de défaite des dernières élections. Demain, Allègre aura beau avoir insulté l'ensemble du corps enseignant, il ne manquera pas de voix au PS dans ce bastion qui supporte ses vilenies au nom du réflexe de classe.

Pourtant, à bien lire toutes ces lettres, je me suis demandée si je n'avais pas allumé une mèche. De la même façon que Julien Dray avait demandé à bénéficier de la « jurisprudence Bachelot » pour garantir sa liberté de vote sur le traité d'Amsterdam, il n'est pas possible qu'on ne retrouve pas cette aspiration au libre arbitre revendiqué par la droite. « *Aux prochaines élections, mon choix sera cornélien ; sans doute, mais le cœur doit avoir la priorité* (R.G.). » « *Si un jour votre carrière politique croise mon devoir d'électeur, vous aurez mon soutien.* » « *Bien qu'ayant le cœur à gauche, je vous apporterai mon soutien lors des prochaines élections* (V.L.-P.). » Et tout simplement et à de nombreuses reprises mes interlocuteurs-électeurs souhaitent que je sois réélue.

Inch Allah !

Somme toute, ces électeurs de gauche ressemblent comme deux gouttes d'eau aux électeurs de droite : refus des débats théoriques et stériles, demande d'honnêteté, de panache, d'émotion de la part de leurs élus. Beaucoup se retrouvent dans l'héritage du général de Gaulle : « *Il y a de l'Antigone et du Charles de Gaulle dans votre solitude entêtée* (C.L.). » « *J'ai le sentiment que vous êtes fidèle au message d'abnégation que nous a adressé le général de Gaulle.* » Ils revendiquent bien sûr leur appartenance politique, ne souhaitent pas en changer de la même façon que l'on ne change pas sa famille, mais ils veulent que nous puissions nous retrouver autour d'un patrimoine commun : « *Entre nous, il y a des désaccords de fond mais il y a un point commun admirable qui s'appelle la République.* » Et pour répondre à Alain et à son frondeur *« Je vous salue, citoyenne ! »* j'assure à mes adversaires de gauche que je n'ai rien abandonné de ma pugnacité : ils ne perdent rien pour attendre.

FAMILLES, ÉPOUX, PARENTS, ENFANTS, FRÈRES ET SŒURS

Famille, je vous aime

« Le projet actuel pousse à la dissociation des familles avec les conséquences que cela implique sur le plan démographique et pour l'avenir des enfants qui naîtront quand même. »

P.G.

Quand on interroge les Français sur les valeurs qui structurent leur vie, la famille arrive en tête de très loin, avant la Nation, la République, les croyances religieuses et bien entendu l'engagement politique. Il n'était pas étonnant que leurs correspondances portent de façon forte leurs inquiétudes quant à la pérennité des valeurs familiales dont ils estiment à tort ou à raison qu'elles sont gravement menacées. Les adversaires du projet ont donc tout fait pour attiser ces inquiétudes en présentant une vision apocalyptique de la famille après-PACS. Tous les collectifs ou associations d'opposants au projet se sont d'abord posés en « défenseurs de la famille » car ils savaient que ce thème était à juste titre puissamment fédérateur.

Leurs déclarations passionnées sont toujours empreintes d'une grande nostalgie d'une cellule mythifiée : ils se marièrent, eurent beaucoup d'enfants et s'aimèrent jusqu'à ce que la mort les sépare. Raconté comme un conte de fées, ce modèle prête déjà à sourire, mais on ne rit pas du tout quand on constate que des personnes à priori sensées et cultivées le présentent non pas comme un idéal très rarement – pour ne pas dire jamais – atteint, mais bien comme la réalité d'un paradis perdu sous les effets conjugués de la télévision, de la contraception et du travail des femmes.

Tout évidemment allait tellement mieux dans le temps, quand les familles étaient très nombreuses, que le divorce était quasiment impossible sous le poids des convictions religieuses et du risque d'exclusion sociale et que les mamans attendaient les chers petits avec du chocolat et des brioches quand ils rentraient de l'école. Dans ces lettres, pas une voix pour évoquer les grossesses non désirées, la charge morale et économique insupportable de familles trop nombreuses pour des ménages modestes, la situation misérable de ces mères au foyer se retrouvant veuves ou abandonnées, le renoncement à la liberté et au bonheur de tant d'épouses battues, bafouées ou simplement ignorées. Oui, la famille est indispensable, oui, elle est bien la cellule de base de la société, oui, elle est bien le lieu de construction des individus. Mais on ne la défendra pas en faisant l'impasse sur ses insuffisances, ses défaites et même parfois ses crimes. On peut même se demander si cette vision sacralisée n'est pas contre-productive quand elle vient percuter la réalité du vécu douloureux ou insatisfaisant de tant de personnes. Vos parents auront beau être les gens les plus merveilleux de la terre, ils ne vous aimeront jamais comme vous le méritez...

C'est donc au débit de cette prétendue perte des valeurs familiales qu'est porté un certain nombre de dysfonctionnements graves de la société et en premier lieu la violence et les nouvelles formes de délinquance. « *À une époque où tout se déglingue, où un grand nombre de jeunes sont complètement paumés, où des adultes détraqués sévissent en grand nombre, où les paradis artificiels achèvent de les perdre ne leur laissant le suicide comme seule issue* (M.P.). » « *Familles séparées et disloquées, délits sexuels sur de jeunes enfants : le Maine-et-Loire veut-il être atteint à son tour par cette vague de violences sexuelles ?* (B.V.). » « *Face à la violence des jeunes, les ministres s'acharnent à soutenir le PACS qui va dés-*

tructurer la famille (F.D.). » « *Le PACS va grossir cette population : SDF, drogués, pédophiles, petits malfrats dans les villes décorées d'images pornographiques* (M.B.). » Le raisonnement est simple : moins de famille, plus de violence et puisque le PACS détruit la famille, il engendrera plus de violence. CQFD.

C'est donc à tous les chaînons de ce raisonnement qu'il faut réfléchir pour y répondre. D'abord, y a-t-il vraiment perte des valeurs familiales? Qu'il y ait eu changement et même mutations profondes, certainement. Mais jamais l'attachement à ces valeurs n'a été aussi fort et pour de vraies bonnes raisons : les mariages sont conclus librement et par amour, les époux restent ensemble parce qu'ils le veulent, les enfants sont désirés et choyés. Une donnée est particulièrement éclairante : alors que beaucoup se plaignent de la précarité des engagements humains, on ignore trop souvent que la durée moyenne des mariages était de neuf ans au début du siècle et est de quatorze ans aujourd'hui. C'était la mort – de la femme en couches ou de l'homme à la guerre – qui rompait alors le lien conjugal et autorisait une autre union. La pauvre Cendrillon est l'archétype victimisé d'une famille déjà recomposée. Il y a bien sûr des familles à la dérive où les enfants sont livrés à eux-mêmes, mais les Thénardier de

Victor Hugo ou les Coupeau d'Émile Zola sont là pour nous montrer que tout cela existe depuis fort longtemps.

Ce n'est sans doute pas là qu'il faut donc chercher la montée des nouvelles formes de violence mais dans des phénomènes qui sont apparus à la fin de ce siècle : le chômage de masse qui persuade beaucoup de gens qu'il n'y aura jamais de place pour eux, le déracinement de populations immigrées ou issues de l'immigration qui se vengent d'une société qui ne les accepte pas, la perte de confiance en ceux qui exercent un magistère moral : prêtres, politiciens, patrons (pourquoi se gêner puisqu'ils ne se gênent pas), enfin l'étalage obscène du fric de tant de footballeurs et de vedettes d'une télé et de médias voyeurs et exhibitionnistes. Alors, au risque de choquer les bonnes âmes qui voient dans le travail des femmes l'origine de tous ces maux, je soutiens qu'une des meilleures façons de combattre la délinquance dans les quartiers difficiles est d'y remettre au travail les femmes et en particulier les mères. Bien-être matériel accru, restructuration de l'espace-temps, rééquilibrage du rapport entre les sexes seront bien plus profitables que ces nostalgies idéalisées pour magazines chic. Et qu'on ne me parle pas de chute de la démographie, puisque les femmes qui travaillent ont plus d'enfants que celles qui ne travaillent pas.

Ainsi, je m'inscris donc totalement en faux avec les croyances de mes « défenseurs de la famille » : jamais elle ne s'est aussi bien portée et imputer à son prétendu effondrement les pathologies réelles et sévères de notre fin de millénaire est une vision passéiste lourde de reculs potentiels, en particulier pour les droits des femmes.

Mais la famille est bien menacée par une anémie autrement plus pernicieuse constituée par la montée et la valorisation d'un individualisme forcené. Créer une famille, c'est diminuer son espace, dialoguer, partager, concéder. Dans les milieux intellectuels, les personnes qui font le choix de vivre seules sont en constante augmentation.

Or, c'est oublier que la vraie joie de la vie c'est de faire quelque chose ensemble, de constuire un bonheur pluriel qui transcende la destinée individuelle, de trouver dans le regard de l'autre, des autres, la certitude de son utilité et le sens de son existence.

Finalement, c'est à cette conclusion que nous les partisans du Contrat d'union sociale nous étions arrivés. Pour tous ces couples qui ne voulaient ou ne pouvaient être concernés par le mariage, nous voulions proposer une nouvelle structure juridique où l'engagement de solidarité était fort et prééminent au regard d'avantages financiers maigres et différés. Non seulement, le Pacte civil de solidarité n'attaque pas la famille, mais il la renforce en ce qu'il diffuse dans l'ensemble du corps social les valeurs qui en assureront à terme la pérennité. C'est aussi pourquoi certains libertaires ont jugé que le PACS était ringard : ils n'avaient sans doute pas tort puisqu'il est le contraire de l'égoïsme !

Lorsque l'enfant paraît

> *« Deux mamans ou deux papas, bonjour les dégâts. »*
>
> Slogan de la manifestation anti-PACS du 31 janvier 1999.

Si elle en était restée aux aspects juridiques et financiers, la polémique sur le Pacte civil de solidarité était bien trop confuse et bien trop touffue pour être appréhendée par l'opinion publique. Il a donc fallu résumer le débat en une mesure hautement symbolique et compréhensible : grâce au PACS, les homosexuels pourraient adopter des enfants. C'était d'ailleurs le cœur de l'argumentation d'Avenir de la Culture, reprise par d'innombrables lettres : *« Il a pour objet à brève échéance, et ses partisans ne s'en cachent même plus, l'adoption d'enfants par les homosexuels avec les conséquences catastrophiques que vous savez pour les enfants* (J.-F.M.). » *« L'étape suivante sera l'adop-*

tion par des couples homosexuels (T.D.). » Légende sur une photo de drag-queens : « *Y font peur ces deux papas avec leur déguisement de cochons* (M.C.). » « *La proposition de loi que vous allez examiner bafoue le droit fondamental d'un enfant à être élevé par un père et une mère* (P.B.). » Beaucoup de courriers reprennent pour étayer leur conviction une déclaration faite par le rapporteur du texte, Jean-Pierre Michel, au journal *La Croix* le 12 septembre 1998 : « *Le PACS évoluera un jour ou l'autre pour intégrer les aspects de l'adoption* », et y voient la confirmation de toutes leurs craintes. Plus que la perspective d'un mariage homosexuel, c'est certainement l'éventualité du droit à l'adoption qui a soulevé des interrogations et des oppositions et la presque totalité des défenseurs du texte s'est défendue comme un beau diable contre ce qu'elle considérait comme un mauvais procès.

À juste titre.

Dans l'esprit des initiateurs du texte, la question de l'adoption a d'autant moins été soulevée et même évoquée qu'ils souhaitaient une structure neutre n'impliquant pas, mais sans l'exclure, de lien sexuel entre les contractants. Dans les associations homosexuelles qui, par la suite, ont soutenu le projet de loi, cette revendication est de fait très marginale. Certaines sont néanmoins actives comme l'APGL

(Association des parents et futurs parents gays et lesbiens), mais ne manquent jamais de l'inclure dans une démarche plus globale de refus des discriminations dont sont victimes les homosexuel(le)s vis-à-vis de leurs enfants biologiques.

Il n'est sans doute pas inutile de rappeler les contours actuels de la législation de l'adoption dans notre pays. Qu'elle soit simple ou plénière, l'adoption est autorisée par un agrément accordé par le service de protection de l'enfance des conseils généraux. Cette procédure, longue et minutieuse, dure plusieurs mois et s'apparente à une enquête policière souvent très éprouvante pour les postulants à l'adoption. Rien ne leur est épargné : interrogatoires interminables, descentes de travailleurs sociaux quasiment au petit matin qui vérifient si la vaisselle a bien été effectuée et les lits faits, soupçons permanents sur leur capacité à élever des enfants. Quand la demande d'enfant, qu'il soit pupille de la nation ou enfant étranger, est satisfaite après des mois sinon des années d'attente, le juge prononce l'adoption, plénière en général, sur dépôt d'une requête. L'adoption plénière a pour effet de gommer complètement l'identité initiale de l'enfant qui peut être présenté par ses parents comme leur enfant biologique.

Le droit d'adopter est ouvert aux couples mariés et depuis la loi du 11 juillet 1966 aux célibataires. Il est d'ailleurs très curieux que plusieurs correspondants qui établissent la nécessité pour un enfant d'avoir un père et une mère – *« nous pensons que pour l'enfant, il est souhaitable d'avoir un père et une mère comme repères »*, assure dans un texte très mesuré le groupe Lucilius – s'appuient sur une législation qui, sans nier ce postulat, le considère comme accessoire. La jurisprudence indique toutefois que l'homosexualité avérée du demandeur constitue un motif constant de refus d'agrément, montrant bien comme le dit Flora Leroy-Forgeot qu'en droit français *« la norme n'est pas le couple mais l'hétérosexualité et cette norme est plus forte que celle de la famille fondée sur un couple* [1] *»*.

Les possibilités d'adoption sont extrêmement limitées : environ 1 200 pupilles par an et 2 500 à 3 000 enfants étrangers. On voit donc que, dans les faits, la très faible population d'enfants adoptables et les pratiques des procédures d'agrément interdiraient l'adoption aux homosexuels même si elle leur était autorisée. Aujourd'hui, alors qu'elle est en droit possible pour des célibataires homosexuels, seules quelques lesbiennes y parviennent et encore, en cachant strictement

1. Flora Leroy-Forgeot, *Les enfants du PACS*, éd. L'Atelier de l'Archer, que je remercie pour ses données chiffrées et ses analyses juridiques.

leur homosexualité. On ne saurait trop conseiller d'ailleurs à un homosexuel qui souhaite adopter un enfant, possibilité qui lui est reconnue dans la loi depuis plus de trente ans, de ne pas souscrire un PACS car l'enquête préalable suivrait à coup sûr la préconisation de T.D. : *« L'adoption sera explicitement interdite à toute personne dont l'homosexualité aura été officialisée par le PACS. »*

Bien entendu, le psychodrame de l'adoption n'est qu'un rideau de fumée qui veut cacher une réalité aveuglante : d'ores et déjà, les couples homosexuels qui élèvent des enfants sont nombreux : enfants biologiques nés d'une précédente union hétérosexuelle, enfants adoptés en taisant généralement l'homosexualité, procréations médicalement assistées effectuées à l'étranger... et donc, en tout état de cause, qu'on le souhaite ou qu'on le regrette, et même si les législations futures étaient plus permissives, le Pacte civil de solidarité n'est ni l'outil juridique, ni l'outil opérationnel pour faire changer les choses à court ou long terme, bien au contraire.

Comme pour la parité, on est toujours un peu éberlué par les assertions style « café du Commerce » assenées en ce domaine par les auteurs des courriers, mais aussi par de nombreux parlementaires au cours de la discussion. *« Les enfants élevés par des pédés le deviendront à leur tour »; « ils rempliront les cabinets des psychiatres »; « les pauvres enfants fourniront plus tard les bataillons des drogués et des délinquants »; « on imagine la situation de dérive et de trouble si un enfant est adopté par deux papas ou deux mamans ».* À la suite de ces déclarations, et selon la fameuse objurgation, « des faits, des faits, des faits », j'ai cherché les travaux scientifiques qui fondaient ces certitudes. Certes, on trouve des livres par ailleurs intéressants inspirés par la psychanalyse comme celui du prêtre Tony Anatrella, mais qui n'appuie ses théories que sur son intime conviction et jamais sur des données chiffrées. Ces études pourtant existent en particulier aux États-Unis où l'adoption est beaucoup plus facile qu'en France et autorisée dans certains États aux homosexuels; aucun de ces travaux n'a pu détecter plus de troubles psychologiques ou de problèmes de développement chez les enfants élevés par des homosexuels, aucun non plus ne peut corréler l'orientation sexuelle des enfants à celle de leurs parents. Moralité : les enfants – biologiques ou adoptés – de pédés ne deviennent pas plus homosexuels que les enfants de couples hétéros. Troublant, n'est-ce pas?

Mieux, une étude multicentrique que m'a rapportée le sociologue François de Singly a classé les performances – santé, résultats scolaires, absence de troubles du comportement, sociabilité – d'enfants répartis en trois groupes selon qu'ils étaient élevés par des couples de lesbiennes, des hétérosexuels ou des homosexuels. La médaille d'or revient aux couples féminins, puis aux hétérosexuels et enfin, assez loin après, aux couples d'hommes. Inutile de dire que, pour une fois, le lobby traditionaliste a donné la main au lobby gay pour taire cette affaire qui ne les arrangeait ni les uns ni les autres. Les troubles psychologiques qui peuvent être liés à l'homosexualité des parents résultent soit de pathologies classiques des enfants adoptés soit de la transgression de la norme sociale.

C'est d'ailleurs le poids de cette transgression qui m'a amenée, à ce point de la discussion, à ne pas conseiller l'adoption pour les couples homosexuels car les délires homophobiques qui ont émaillé ce débat font penser qu'il est inhumain de faire peser une telle stigmatisation sur un enfant. La société ne peut confier à celui-ci la tâche de faire changer les préjugés.

Oui, mais ce faisant, on devient aussi le complice de ces préjugés; on complique la tâche des parents homosexuels confrontés tous les jours aux difficulté d'assumer leur fonction, quand la société ne les en prive pas purement et simplement.

Et puis c'est tellement rassurant de penser que le modèle de référence est celui qui est le mieux à même d'assurer le bonheur de nos enfants.

Car c'est aussi à cela que nous conviait ce débat passionnant, bien que sans doute trop passionné eu égard aux termes réels des enjeux : faire réfléchir au contenu de la fonction parentale et à la problématique du genre dans le couple.

Là, encore, mes interlocuteurs procèdent plus souvent par croyances que par analyses et présentent le couple et la famille classiques comme des modèles existant depuis la nuit des temps et ayant apporté la preuve inoxydable de leur aptitude à faire le bonheur des individus qui les constituent.

En fait, à l'échelle de l'Histoire, l'évolution de ces structures est tout à fait considérable, depuis la horde où la femme était fécondée par un mâle non identifiable, puis les tribus primitives où le chef s'attribuait un très grand nombre d'épouses et de concubines – groupes de femmes élevant collectivement les enfants avec une fonction paternelle lointaine. Celle-ci était aussi assurée collectivement par les hommes du village ou de la concession, *pater familias* à l'autorité incontestée au-dessus d'une épouse esclave dans une stricte répartition sexuée des tâches. On aboutit au couple moderne égalitaire, construit sur le lien affectif, et pour lequel la fonction de reproduction n'est plus fondatrice du pacte passé entre les individus.

En fait, ces évolutions amenaient inéluctablement à repenser le couple et ses liens avec l'enfant. Le PACS ne fait qu'accompagner cette évolution, il ne la précède pas.

Un exemple : notre société privilégie maintenant la notion de parenté sociale et spirituelle sur la parenté biologique. C'est la fonction éducative qui transcende la fonction parentale et non la fonction procréatrice qui nous renvoie à notre animalité. D'une certaine façon, le droit entérine cette option en permettant aux parents, dans le cadre d'une adoption plénière, de cacher qu'ils ne sont pas les parents biologiques. En relativisant, sans doute à juste titre, l'importance de la filiation des gamètes, la loi ouvrait la porte sans s'en rendre compte à l'homoparentalité.

Autre exemple : le nécessaire rééquilibrage entre les hommes et les femmes dans la répartition entre sphère privée et sphère professionnelle. Le désir d'enfants chez les homosexuels apparaît à l'évidence comme une donnée culturelle qui accompagne la volonté des pères hétérosexuels de véritablement s'occuper de leurs enfants. Il n'y a sans doute pas d'instinct paternel au sens biologique du terme, ce qui n'enlève rien à la noblesse et à l'« urgence » de celui-ci, mais situé comme fait acquis et non inné. C'était là aussi justifier le droit d'un homme à se réaliser dans la paternité quelle que soit son orientation sexuelle.

Dernier exemple : fonder le couple sur l'amour et non sur une fonction socio-économique fondée sur la répartition des tâches. Ainsi, on commençait à attaquer la sacro-sainte notion d'altérité qui est le concept primordial annoncé par ceux qui s'opposent à l'idée même qu'il puisse exister un couple d'homosexuels et à fortiori qu'ils soient parents.

Il serait caricatural de penser que ces derniers aient présenté l'altérité comme l'alpha et l'oméga du bonheur d'un enfant; mais enfin, le présenter comme la condition *sine qua non* selon laquelle aucun bonheur pour lui n'est possible insulte les innombrables enfants maltraités moralement ou physiquement par des parents hétérosexuels et les parents homosexuels qui ont élevé dans la dignité, le respect et l'amour leurs enfants naturels ou adoptés. Repenser l'altérité, en complétant le sexe par le genre, en élucidant le biologique par l'approche sociale et culturelle, c'était aussi ouvrir la voie à d'autres formes de couples et de familles.

Finalement, je suis d'accord avec ce macho de Vincennes qui me lance : « *Tout cela ne serait pas arrivé si vos histoires de MLF n'avaient pas troublé l'ordre naturel.* » On ne saurait mieux dire !

Histoire de gros sous

« Tout cela n'aura qu'un seul résultat, alourdir la pression fiscale de 6 milliards. »

J.-F.D.

S'il est communément admis que lorsqu'on aime, on ne compte pas, quand on déteste, non seulement on compte mais on fait des additions qui ressemblent parfois à des multiplications.

Le débat sur le Pacte civil de solidarité s'est déroulé dans un contexte où de nombreuses familles des classes moyennes ont eu le sentiment justifié d'un matraquage sans précédent : réduction des avantages fiscaux liés aux emplois familiaux, forte diminution des allocations pour garde d'enfant, mise sous condition de ressources des allocations familiales. Certes, Martine Aubry était revenue sur cette dernière mesure mais pour la « compenser » par une réduction de 30 % du quotient familial ; 600 000 familles avaient fait leurs comptes : leurs impôts sur le revenu augmenteraient de 5 000 francs en moyenne en 1999. Malgré les promesses électorales et les caisses pleines, Jospin n'envisageait toujours pas de baisse du taux normal de TVA, premier impôt payé par tous les ménages. Alors que beaucoup avaient la certitude qu'on allait encore une fois leur présenter la facture, ils apprenaient, effarés, que les dispositions du PACS coûteraient, selon certains, de 5 à 8 milliards. Il y avait là de quoi mettre vent debout le zélote le mieux disposé. Les associations familiales, mais aussi toutes sortes de groupes de pression parfaitement respectables emboîtaient le pas des cartels d'action morale sur un message qui à défaut de mesure et de logique avait l'avantage de la clarté et de la simplicité : on trouve de l'argent pour les pédés et on n'en trouve pas, au choix, pour les familles, les handicapés, les retraités, les pauvres, les vieux, les hôpitaux, la santé, j'en passe et des meilleures.

Les courriers sur ce thème se chiffrent par centaines : *« Honte à vous qui voulez donner de l'argent à ces dépravés alors que notre pauvre église de village tient à peine debout (M.M.). » « Je comprends votre souci de générosité, mais ne pensez-vous pas qu'il y a plus urgent quand on voit toute la misère des gens qui dorment sur des cartons (P.A.) ?* » « *Ma petite fille est handicapée et je n'ai pas trouvé de solution, faute de place dans un établissement adapté : je suis révoltée par ce projet (M.P.).* » « *Augmenter les minima sociaux, voilà la priorité (J.L.).* », syndicaliste, socialiste, et anti-PACS.

Mais mes correspondants se placent aussi au niveau des principes. On retrouve de nombreuses lettres à tonalité homophobe sur le mode « *les homos sont des gens sans importance, hors norme, n'ayant aucun rôle dans la société et de ce fait ne méritant rien de spécial* (Anonyme). » « *Les homosexuels n'ont pas d'enfants et ne doivent pas bénéficier d'avantages réservés à ceux qui participent à la continuation de la race* (J.-J.P.). » « *Sur le plan financier, les associations homos sont très fortement subventionnées par l'État avec nos impôts, tandis que ce même État rationne les familles* (R.D. et G.D.). » « *Ces gens-là ont déjà des revenus supérieurs à la moyenne des Français et vous voulez ajouter à leurs avantages* (R.B.). »

Enfin, d'autres souhaitent que les avantages fiscaux soient strictement réservés aux couples mariés « *car seul le mariage peut assurer le renouvellement des générations, et donc,* in fine, *la survie de la nation (J.D.)* ». « *Vous détournez les jeunes du mariage et de l'engagement en donnant les mêmes avantages fiscaux aux concubins pacsés (R.F.).* »

Quels sont donc les fameux avantages financiers dénoncés par les opposants au pacte de solidarité ? Celui-ci permet l'imposition commune des contractants dans le cadre de l'impôt sur le revenu, mais seulement à partir de la troisième année de vie commune, contrairement au mariage pour lequel cette mesure prend effet immédiatement. Cette disposition a été justifiée par le souci d'éviter les pactes de complaisance. Il autorise également la transmission par héritage de 250 000 francs sans droits de succession au cocontractant survivant, le reste de l'héritage étant taxé de 40 à 50 %. Dans le cadre du mariage, l'abattement est de 330 000 francs et la taxation de 20 %. Le PACS ne donne pas de nouveaux droits sociaux dérivés et surtout n'ouvre pas le droit à pension de réversion.

On constate que l'assertion de Jacques D. : *« Le PACS confère un statut plus avantageux que le mariage »*, reprise y compris à la tribune de l'Assemblée nationale, n'est pas vérifiée, loin de là.

Toutefois cette polémique est l'occasion de s'interroger sur la justification des avantages – en particulier fiscaux – liés au mariage.

La première explication réside dans la sollicitude que doit la société à ceux qui acceptent la charge de fonder une famille et d'élever des enfants. Certes. Mais cette justification est fondée sur la confusion qui a existé pendant des décennies entre vie sexuelle, procréation et mariage. Aujourd'hui, de nombreux enfants sont conçus en dehors du mariage et, parallèlement, la procréation n'est plus la seule finalité du mariage et en est même parfois totalement occultée par l'allongement de la durée de la vie. Quand on assiste au mariage de deux retraités de plus de quatre-vingts ans, on imagine mal que le projet d'enfant soit le ciment de leur union. On ne saurait donc réclamer des candidats au mariage un certificat de fécondité et l'engagement écrit qu'ils utiliseront effectivement cette capacité ! Quant à la politique d'aide à l'accueil et à l'éducation des enfants, très insuffisante dans notre pays, elle se conçoit dans une autre logique, indépendamment du statut du couple parental, par le biais d'aides diverses : allocations, prises en charge équipements collectifs, politiques du logement, de la ville, de la santé, de l'éducation, de la sécurité qui mettent l'enfant au cœur du projet citoyen.

En fait, ce qui justifie les avantages fiscaux liés au mariage est bien l'engagement de solidarité que prennent les époux et qui vient remplacer ou compléter des dispositions qui sont à la charge de la société. Toutes les allocations de solidarité sont soumises à des conditions de ressources : Revenu minimum d'insertion, Fonds national de solidarité, Allocation d'adulte handicapé, Allocation de parent isolé, et il suffit par exemple pour un Rmiste d'épouser une salariée titulaire d'un modeste SMIC pour perdre son allocation de subsistance. Si son épouse est elle-même titulaire du RMI, le nouveau ménage ne touchera plus que 1,5 fois l'allocation. Le conjoint est appelé en cas de défaillance d'une personne pour régler toutes sortes de dépenses qui seraient à la charge de la collectivité si celle-ci avait été seule : forfait journalier, mutuelle, et même recours en aliments. Il est d'ailleurs remarquable que la séparation de corps et de biens ne supprime pas cette exigence de solidarité : on peut ainsi appeler un conjoint à payer la prise en charge en maison de retraite d'une épouse dont il est séparé depuis vingt ans.

Quand il devient clair que les avantages fiscaux liés à l'imposition commune ne sont qu'une maigre conséquence consentie en échange d'économies substantielles réalisées par la collectivité, il devient clair également que les cocontractants d'un PACS doivent bénéficier de la même possibilité puisque la même solidarité sera exigée d'eux. Dans cette logique, il est choquant qu'un délai de deux ans leur soit imposé puisque les obligations de la solidarité sont immédiates – comme la perte d'une allocation sous condition de ressources – alors que les avantages sont, eux, différés.

On se demande d'ailleurs d'où sont sortis les ahurissants calculs véhiculés par certaines associations et quelques parlementaires. Les chiffres les plus fantaisistes ont circulé, évaluant le dispositif entre 3 et 18 milliards de francs par an, 6 milliards étant le montant le plus souvent repris par mes interlocuteurs. En réalité, ceux-ci sont bien incapables de faire la moindre prospective, puisque, outre le fait qu'ils n'évaluent pas les économies réalisées par l'État et certaines recettes nouvelles dans le cadre de l'ISF, il faudrait connaître le nombre de PACS qui seront signés chaque année ainsi que la structure des revenus des futurs pactisants.

Je me suis livrée à une rapide projection du nombre annuel de pactes qui pourraient être signés à partir des données de pays qui ont institué des structures similaires. Cette projection doit certainement être amodiée en négatif par un effet de stock qui majore les chiffres à l'instauration du dispositif, mais on peut penser aussi qu'il existera un phénomène de montée en charge par diffusion de l'information. En tout état de cause, et par comparaison, on devrait tourner à moins de 10 000 pactes civils de solidarité par an, plus sûrement entre 5 et 8 000. Quand on sait de plus qu'il existe une franchise de deux ans, évaluer les prétendus cadeaux de l'Etat au minimum à

600 000 francs par couple relève du fantasme pur et simple !

Mais au détour du débat, ont surgi les revendications de ceux que l'on n'entend jamais : les personnes seules. Nous sommes là devant un vrai problème de société puisque dans une ville comme Paris la moitié des ménages sont constitués de personnes seules. Or selon des organismes comme le Conseil supérieur de l'emploi des revenus et des coûts (SERC) ou le Centre de recherche pour l'étude et l'observation des conditions de vie (CREDOC), nous trouvons là un facteur puissant de paupérisation et sans forcer le trait on peut constater qu'un smicard seul vit pauvrement, alors qu'un ménage de smicards commence à s'en tirer tant il est vrai que lorsqu'on allume l'électricité, la dépense est la même qu'on éclaire la table pour un ou deux convives.

Un certain nombre d'associations et de collectifs sont donc montés au créneau puisque le projet accordait le bénéfice de l'imposition commune à deux personnes liées par l'amitié et décidant de vivre ensemble, et non seulement aux couples hétérosexuels ou homosexuels. Derrière cette revendication et son télescopage avec la philosophie de ceux qui pensent que la procréation est le fondement du mariage se profile une vraie fracture sociale : des individus mariés ou « pacsés » qui seraient accompagnés de la sollicitude de la collectivité et des isolés laissés à eux-mêmes alors que la vie est plus difficile pour eux. À terme on pourrait réserver l'intégralité des aides publiques aux parents, mariés ou non, qui assument l'éducation des enfants avec de vraies allocations en espèces et en nature, et considérer que le mariage ne relève que du libre arbitre des individus et en tant que tel ne rend aucun service à la société. Ce serait faire une grossière erreur mais pour donner au mariage un sens compatible avec les extraordinaires mutations de cette fin de millénaire, il nous faut le repenser.

Défense et illustration du mariage

> « *Hors le souci du bien de l'enfant, le mariage n'a fondamentalement aucune justification.* »
>
> J.D.

De toutes les institutions qui structurent le pacte républicain, le mariage est peut-être celle qui, dans l'inconscient collectif, comporte le plus de connotations antinomiques : bonheur absolu mais parfois haine féroce, liberté d'échapper à ses parents mais servitude atroce de tant de femmes... et de quelques hommes, fidélité et adultère, solidarité et prestation compensatoire, bref, entre robe blanche et scènes de ménage, l'évaluation que les individus font du mariage est aussi diverse que leurs destinées.

Et pourtant, le mariage est massivement plébiscité et le débat sur le Pacte civil de solidarité a été l'occasion de panégyriques enflammés qui ne manquaient pas de surprendre, venant de certains qui nous avaient habitués à une démarche plus libertaire.

Les courriers qui reprennent cette défense du mariage sont nombreux et tous accusent le PACS à court ou moyen terme de vouloir le tuer. Une première série de lettres soutient l'idée que le pacte en propageant l'homosexualité va détourner les gens du mariage ; une deuxième série reprend une approche plus élaborée, celle de l'altérité : en légalisant des couples de semblables, le PACS induit un processus de refus de l'autre « différent » qui, à terme, fragilisera, ou même pire détruira l'institution.

Enfin, la plus importante partie de ces correspondances est surtout consacrée aux avantages fiscaux et sociaux du PACS et considère qu'il sera plus intéressant de souscrire un pacte que de se marier. Mes correspondants notent la diminution de la nuptialité, regrettent le refus des jeunes de s'engager, et condamnent un éclatement de la cellule familiale, néfaste aux enfants et préjudiciable à la société.

Le premier et le deuxième groupe illustrent en fait deux variantes de la théorie qui considère l'homosexualité comme une maladie contagieuse qu'il s'agit de contenir pour éviter la contamination. *« Nous sommes,* dit J.G., *en présence d'une escroquerie morale et socialiste qui légalisera le rejet de l'autre, forme de racisme dans les relations affectives et sexuelles.* »

Comme le dit excellemment Bernard Beignier, professeur à la faculté de droit de Toulouse et qui fait par ailleurs une fort intéressante analyse critique du Pacte civil de solidarité et de son prédécesseur, le Contrat d'union sociale : « *C'est en effet donner bien du poids à la loi que d'y voir une incitation aux modifications des mœurs. De même qu'il est infiniment peu probable que la sévérité du Code des assurances envers les suicidés ait jamais empêché le moindre suicide, de même il semble assez étrange de songer qu'une personne aurait des préférences homosexuelles parce que le contrat d'union sociale accorderait aux concubins homosexuels quelques droits.* » Pour ma part, je n'ai jamais eu le sentiment que mes amis homosexuels rejetaient ou niaient la femme que j'étais. Beaucoup ont une véritable vénération pour les femmes qui les entourent et bien souvent, je me suis sentie plus aimée d'eux et en tout cas plus respectée que par certains hétérosexuels ostentatoires qui nous jugent au choix « mettables », « baisables » ou l'inverse. Qui, alors, considère l'autre comme un objet? Ce n'est pas parce qu'on aime un brun qu'on rejette les blonds, parce qu'on fait l'amour avec un Blanc qu'on hait les Noirs, parce que l'on est homosexuel(le) qu'on refuse l'autre sexe.

Le mariage a encore de beaux jours devant lui.

Mais, me rétorque-t-on, à condition qu'on n'en détourne pas les jeunes par un sous-mariage sans obligations et cumulant les avantages.

« *Le PACS confère un statut privilégié (J.D.).* » « *Comment à des hommes et à des femmes qui ont le désir et la dignité de fonder des familles heureuses et stables peut-on proposer un contrat bancal, visant tout juste aux avantages fiscaux et ose-t-on le proposer comme ersatz du mariage (C.N.) ?* » « *Le PACS est un des fruits de la vision nomade de la société et évoluera de manière à se transformer en cause d'instabilité permanente (M.P.).* » « *Le PACS est contraire à la Constitution qui s'engage à respecter la famille naturelle, injuste car les allégements fiscaux vont être repris chez les ménages naturels (P.S.).* » « *Pourquoi ce sous-mariage qui favorisera toutes les fraudes (A.V.) ?* » « *Le projet pousse à la dissociation des familles avec des conséquences sur le plan démographique (P.G.).* »

Alors se pose la question : pourquoi se marie-t-on et en quoi le Pacte civil de solidarité pourrait-il dissuader un jeune homme et une jeune fille s'ils ont décidé de se marier ? Première raison et qui sous-tend de manière assez triviale le raisonnement de nombreuses lettres : on se marie pour payer moins d'impôts. Quoique je n'ai pas retrouvé de façon nette cette motivation chez les jeunes de mon entourage, les spécialistes expliquent le regain récent de nuptialité par la suppression des avantages fiscaux accordés aux concubins. Soit. Mais non seulement les avantages fiscaux et successoraux liés au pacte sont incomparablement moins élevés que dans le mariage, de plus leur attribution est reportée à la troisième année. Quant aux droits sociaux dérivés, il n'y en a aucun et seul le mariage ouvrira droit à pension de réversion.

Deuxième raison : on se marie parce que l'on a un projet d'enfant – ou que l'on a déjà des enfants – et que l'on souhaite leur apporter le cadre juridique institutionnel du mariage, le seul à établir clairement la filiation non seulement avec les deux parents mais également avec la famille de ceux-ci. Les enfants nés d'un couple lié par un PACS étant exactement dans la même situation que ceux nés d'un couple de concubins, on ne voit absolument pas quelle concurrence pourrait être apportée au mariage.

Troisième raison : on se marie pour la dimension symbolique, festive et parfois religieuse du mariage. On peut d'ailleurs se demander si ce n'est pas la motivation première des futurs époux. Avec le PACS, pas de messe, d'orgue, de « voulez-vous prendre... ».

et même pour les tenants du strict mariage républicain, aucune confusion possible puisque enregistrement, y compris à la mairie, ne signifie pas célébration devant Monsieur le Maire. Il reste la fête que, heureusement, les couples homo et hétérosexuels organiseront lors de la signature d'un PACS : les invitations s'entassent déjà sur mon bureau et la première concerne deux tourtereaux, lui 75 ans et elle jeune minette de 72 ans. Un avantage : on peut supposer qu'ils sont équipés en verres, assiettes et autres petites cuillères !

La bonne question à se poser était donc plutôt : pourquoi des personnes que tout devrait pousser à se marier y répugnent ou n'y pensent même pas ?

Là aussi pour trois raisons.

Certainement, d'abord pour la perte de substance symbolique du mariage républicain. J'invite les maires qui ont signé la pétition lancée par M. Pinton à réfléchir ensemble à la rénovation du cérémonial du mariage civil. Combien de célébrations à la chaîne devant un conseiller municipal commis d'office, le maire ou ses adjoints importants ne se déplaçant que pour leurs amis personnels ou politiques ! Avant un mariage religieux, le prêtre a plusieurs entretiens avec les fiancés pour leur faire comprendre la dimension de leur engagement, rien de tel avant le passage en mairie. De nombreux époux réalisent, interloqués, que l'exigence de fidélité est une composante fondamentale du mariage républicain et la croyaient réservée au mariage religieux.

Ensuite, parce que nous n'avons pas mis de contenu derrière la formule mille fois rabâchée de « la famille, cellule de base de la société ». Si le mariage s'inscrit dans la durée, et c'est le sens que la sagesse populaire lui donne, il a un impact fort en termes de consommation de biens durables : logement, équipements ménagers, mais aussi d'épargne longue. Il serait juste que le droit fiscal concrétise le couple marié comme une entité économique qui mérite sa sollicitude.

Enfin, le mariage est ressenti comme un piège où l'on ne peut rattraper une erreur que par un divorce-sanction long et coûteux, même quand il est abusivement catalogué « par consentement mutuel ». Il suffit d'avoir vécu dans sa jeunesse cet épouvantable et malsain feuilleton chez ses parents ou chez des proches pour vous dissuader à tout jamais de vous marier.

Il convient aussi certainement d'ajouter l'injustice majeure de considérer le conjoint comme un étranger lors de la dévolution successorale d'un époux et de privilégier outrageusement le droit du sang. En l'absence de dispositions, un veuf ou une veuve pourra ainsi se voir écarté totalement, au profit d'abord des enfants puis des parents du conjoint décédé.

Revaloriser le mariage, c'est donc prendre très rapidement une série de mesures concrètes, certaines quasiment sans incidence financière, d'autres certes plus coûteuses, mais les responsables politiques qui, de droite ou de gauche, ont clamé leur attachement au mariage républicain ne peuvent se contenter de signer des pétitions.

En effet, le sens que donne notre droit au mariage est extrêmement restreint et J.D. en rappelant que le bien de l'enfant était la seule justification du mariage rejoignait le canon 1096 du Code de 1983 : « *Le mariage est une communauté permanente entre l'homme et la femme, ordonnée à la procréation des enfants par quelque coopération sexuelle* », et le professeur Beignier enfonce le clou : « *Le mariage est une communauté qui a vocation à engendrer*[1]. » Qui ne voit que ces définitions ont été élaborées dans un contexte de stricte répartition sexuée de la sphère publique et de la sphère privée, et surtout dans un temps où l'on pouvait

1. Bernard Beignier, professeur de droit, université de Toulouse. *PACS : L'heure du droit. Proposition pour un statut unitaire du concubinage*, éd. du Juris-Classeur, p. 7-13.

confondre vie biologique, vie génitale et vie sexuelle. Tout cela a volé en éclats : 50 % des enfants qui naissent aujourd'hui vivront jusqu'à cent ans et cette amélioration quantitative de l'espérance de vie s'accompagne d'une formidable amélioration qualitative : faites l'expérience de classer vos photos de famille et de regarder l'allure qu'avaient les quinquagénaires au début des années 50 : des femmes usées, ayant renoncé au désir de plaire, habillée de vêtements sans grâce et dont on devine sans peine que le mari galope avec quelque tendron. Aujourd'hui, un chanteur célèbre de cinquante ans se remarie avec une femme de son âge, superbe, patronne de presse, et c'est finalement lui qui fait un choix moderne. Autour de nous, les mariages de ce type se multiplient comme si nous n'avions plus une vie, mais plusieurs séquences de vie, celle de la procréation n'occupant plus qu'un tiers de la vie adulte alors qu'elle en occupait la totalité encore au lendemain de la guerre. Et même si votre mariage dure toute votre vie, ce que je vous souhaite puisque amour rime avec toujours, on ne peut oublier ce que disait Jean Anouilh : « *Si Dieu avait voulu que le mariage soit éternel, il se serait arrangé pour que les sentiments le soient aussi.* »

Devant ces extraordinaires mutations, il était utile que notre arsenal juridique s'enrichisse de solutions nouvelles. Le Pacte civil de solidarité en était une.

Le mariage, c'est d'abord un pacte d'amour, fondé sur l'attirance sexuelle entre un homme et une femme, qui s'affirme dans une configuration sociale et exprime une solidarité active entre les contractants. Il comporte la durée et fournit ainsi le meilleur cadre pour l'accueil d'enfants éventuels ; l'inscription dans la durée et l'identité sociale forte de l'entité ainsi formée justifient que la rupture s'inscrive dans une procédure contradictoire.

On voit ainsi les variables qui justifient qu'il y ait une palette de solutions proposées aux individus qui souhaitent vivre ensemble : y a-t-il un lien sexuel entre ces personnes et celles-ci veulent-elles l'afficher ? le lien est-il homo- ou hétérosexuel ? y a-t-il désir d'un cadre juridique qui institutionnalise le lien et y apporte la caution de la société ? les individus acceptent-ils l'exigence de solidarité ? acceptent-ils l'exigence de durée et la lourdeur du processus de rupture qui en découle ? étant entendu que chaque individu garde personnellement sa faculté juridique et biologique de devenir parent, comment ces structures interviennent-elles dans la filiation ?

Le Pacte civil de solidarité apporte un cadre juridique institutionnel, comporte une exigence de solidarité, mais, n'impliquant pas l'existence d'un lien sexuel sans l'exclure, celui-ci relève d'un choix strictement privé. Il n'est pas une structure d'accueil de l'enfant, chaque contractant exerçant une éventuelle fonction parentale à titre individuel.

C'est là qu'interviennent les deux contradictions majeures des opposants au PACS qui lui reprochent d'un part de concurrencer le mariage et d'autre part de ne pas envisager l'enfant et d'instaurer une rupture assimilée à une répudiation.

« *Les enfants sont les grands oubliés (P.M.).* » « *Que vont devenir les enfants nés de telles unions que vous condamnez à une non-existence?* (J.-F.M.) ? « *La loi est faite pour défendre le droit des faibles. Ici ce n'est pas le cas; le PACS est une protection illusoire puisqu'il peut être annulé par simple lettre recommandée. Il équivaut à l'antique répudiation* (Y.J.). » « *Est-ce pour faire connaître l'amour qui fortifie que l'on institue la répudiation ?* (V.L.) »

Faut-il rappeler que les droits de l'enfant sont inaliénables et absolument distincts du lien qui unit ou a uni les parents, ceux-ci ayant les mêmes devoirs moraux et matériels vis-à-vis de lui ? Envisager des dispositions juridiques pour l'enfant dans le cadre du Pacte civil de solidarité ne pouvait aboutir qu'à reconnaître la filiation automatique de celui-ci avec les deux contractants sans qu'il soit utile qu'ils le reconnaissent, puisque c'est la seule différence de statut de l'enfant entre mariage et union libre.

La même observation peut être faite pour le procès en répudiation. Selon la définition du dictionnaire Robert, répudier, c'est « *renvoyer (une épouse) en rompant le mariage... par une décision unilatérale* ». Première observation en guise de lapalissade, pour qu'il y ait répudiation, il faut qu'il y ait mariage, et comme il n'y a pas mariage... Deuxième remarque : la répudiation a été au cours des siècles l'apanage des hommes qui renvoyaient des épouses qui avaient cessé de plaire ou qui étaient stériles. Rien de tel ici, où l'initiative de la rupture est ouverte également aux deux contractants, et quand on constate que, massivement, ce sont les femmes qui sont à l'origine des procédures de divorce, il sera intéressant d'analyser, dans le cas de pactes civils hétérosexuels, qui prendra la décision de rompre. Les romantiques défenseurs du « *droit du plus faible* » risquent d'avoir quelques surprises.

Enfin, au risque de me répéter, le Pacte civil de solidarité n'étant pas un mariage, il n'y a aucune raison qu'il en possède les exigences. À chaque couple de choisir la solution qui correspondra le mieux à son projet de vie. Si un jeune ménage envisage d'avoir cinq enfants élevés par une maman qui aura abandonné tout activité professionnelle, le PACS n'est à l'évidence pas fait pour lui. Si un autre hésite à s'engager dans un lien de longue durée difficile à rompre, alors qu'il n'est pas sûr de son engagement, le Pacte civil peut être une solution transitoire. Au passage, Mesdemoiselles, méfiez-vous quand même de la prétendue protection apportée par le mariage : sans parler du divorce, le veuvage, la maladie et le chômage laissent chaque année sur le carreau des épouses qui avaient cru naïvement à ce fragile bouclier.

Le débat public et parlementaire a eu aussi le mérite d'entamer la réflexion sur un vrai statut du concubinage. En effet, reprenant la jurisprudence de la Cour de cassassion, la déclaration de concubinage était interdite aux homosexuels. Nous étions nombreux à être partisans de cette formule qui ne remplace pas le PACS, mais complète l'éventail des solutions. Sous son apparence anodine, le concubinage est à connotation sexuelle forte, le mot venant du latin *con-cumbere*, coucher avec. Comme sous le Bas-Empire, le concubinat est lui réellement un sous-mariage fondé sur l'existence du lien sexuel entre les individus. Il est comique de constater que c'est au Sénat, et précisément au sénateur Gélard, qu'est revenu le mérite d'améliorer la proposition de loi en ouvrant le concubinage sans distinction de sexe, reconnaissant et en quelque sorte institutionnalisant le couple homosexuel, ce que n'impliquait pas le PACS.

On peut se demander si les sénateurs ont réalisé ce qu'ils faisaient. Christine Boutin qui, elle, avait vraiment étudié la question, ne s'y est pas trompée et a fait ce commentaire furibard : « *Alors, là, c'est la totale !* » De deux choses l'une, soit le Sénat est le temple jusque-là inconnu où s'enregistreront dorénavant les évolutions des mœurs, soit les sénateurs n'ont pas voulu démériter du qualificatif que je leur avais imprudemment accordé.

Cette réflexion n'a été qu'ébauchée ; il faudra mieux la finaliser si elle doit venir compléter cette palette de solutions alternatives entre le mariage et l'union libre, car on ne peut confondre le concubinage, simple constatation d'un état de fait, avec un vrai statut global.

Mais que les défenseurs d'un concubinat, solution *soft* remplaçant le Pacte civil de solidarité, ne s'y trompent pas, l'argumentation à tonalité homophobique n'y trouvera qu'encore plus de grain à moudre.

Le mariage sort donc renforcé de ce que l'on peut considérer comme une épreuve en tant qu'il nous a obligés à une prise de conscience sur son rôle irremplaçable, à imaginer d'autres solutions pour ceux qui ne peuvent ou ne veulent se marier, rappelant par là les contraintes qui font la grandeur de l'institution et à penser sa finalité dans une société qui a enregistré plus d'évolutions en cinquante ans qu'elle n'en a vu depuis cinq mille ans.

Partie de cache-cache

« Nous ne sommes ni concubins, ni homosexuels, mais simplement deux sœurs ayant toujours vécu ensemble. »

(M. et F.B.)

Quand, au mois de septembre 1998, je propose à la Commission des affaires sociales un amendement qui supprime la nullité du Pacte civil de solidarité entre ascendant et descendant en ligne directe, entre alliés en ligne directe et entre collatéraux jusqu'au troisième degré inclus, il est adopté dans l'enthousiasme et à l'unanimité par les membres de la commission. Cette nouvelle rédaction autorisait donc la signature d'un PACS entre deux membres de la même famille.

Aussitôt, les ultras dénoncent une disposition « *cache-sexe* » qui n'aurait pour objet que de dissimuler les véritables desseins des promoteurs du projet, disposition imaginée à la hâte devant la passion déchaînée par le débat. « *Votre histoire de fratries ne trompe personne* », m'assure H.D.

C'est bien ignorer l'histoire du Pacte civil de solidarité et de ces prédécesseurs, le Contrat d'union civile et le Contrat d'union sociale qui prévoyaient tous les deux cette possibilité. Précisément parce que dans l'esprit de ses promoteurs, le pacte n'était pas un mariage et n'impliquait pas obligatoirement de lien sexuel, il n'y avait aucune raison de ne pas l'autoriser à deux personnes parentes. Ces promoteurs n'ont pas voulu d'un mariage homosexuel qui aurait été une solution forcément stigmatisante et le délire homophobique dont le débat fut l'occasion montre que leurs craintes n'étaient pas vaines.

C'est au détour d'une conversation avec un homme veuf sans enfant que je pris la mesure de certaines difficultés, pour ne pas dire d'injustices. Vivant avec une sœur aînée célibataire qui tenait sa maison après qu'elle avait consacré sa jeunesse à élever ses frères, la maman étant morte prématurément, il était révolté qu'elle ne puisse bénéficier de sa pension de réversion, « *puisque,* me disait-il, *nous, les hommes, nous mourons avant les femmes* ».

Des dizaines de lettres m'ont raconté des histoires à peu près similaires. « *Ma fille aînée a recueilli sous son toit sa sœur cadette, invalide à*

70 %. Or, selon la législation actuelle, pour être déclarée à charge, un invalide doit posséder la carte d'invalidité à 80 % (Art. 196 Abis du CGI) (M.S). » « *Nous habitons ensemble depuis cinquante et un ans* (F.G.) », « *nous sommes deux sœurs qui habitons la Haute-Savoie. Nous avons soigné nos parents, et grands-parents, avec une maman handicapée et la vie a passé. Les parents ont disparu et nous sommes restées ensemble après ces épreuves* (N. et G.J.). » « *Ma sœur a quatre-vingt-neuf ans, moi soixante-quinze, et nous vivons ensemble depuis toujours* (R.P.). » « *Nous sommes de vrais jumeaux, monozygotes, et je vis avec mon double, Daniel* (P.M.). » « *Nous sommes deux sœurs et avons fait construire une maison en indivision. De gros frais de succession seront demandés à la survivante au décès de la première* (E. et M.-R.B.). »

Ce qui est frappant dans ces courriers, c'est qu'en général la décision de vie commune fait suite ou prolonge un engagement profond de solidarité : solitude parce qu'on a pris en charge des parents veufs ou malades, des frères et sœurs handicapés. On imagine sans peine les économies qu'ont permis à la communauté nationale ces vies sacrifiées. Pour le cas spécifique des handicapés qui font l'objet de nombreuses correspondances, on retrouve le problème crucial du vieillissement des personnes handicapées mentales. Il y a encore quelques années, un trisomique n'avait qu'une espérance de vie réduite qui permettait aux parents de l'assister toute son existence. Aujourd'hui, cette espérance tend, et c'est fort heureux, à rejoindre celle des personnes non handicapées. La prise en charge parentale peut se transmettre alors à une sœur – plus rarement un frère – célibataire. Sans le définir exactement, des associations s'occupant de handicapés avaient préconisé l'instauration d'un contrat de compagnonnage pour permettre un lien privilégié entre le handicapé et le frère ou la sœur qui le prend en charge.

Il faut reconnaître toutefois que la plupart de ces courriers sont une fois de plus à connotation homophobe marquée sur le mode du « *vous donnez des avantages à des pervers, alors que nous vivons normalement* (A.B.) », « *j'ai croisé un couple de travestis, fesses à l'air, revêtus d'un porte-jarretelles noir, perruque rose et colifichets et je nous revoyais, jour après jour, nuit après nuit, soignant notre mère hémiplégique... je ne demande pas plus de droits, mais autant* (J.B.) », « *Pourquoi eux et pas nous* (A.A.) ? ».

Adopté aussi franchement par la commission, je ne doutais pas que mon amendement allait prospérer. C'était évidemment sans compter, c'est le cas de dire, avec les avaricieux de Bercy qui remettaient au pas les députés socialistes, et les mêmes qui avaient voté l'amendement venaient m'expliquer, gênés, que, bon, oui, tout bien réfléchi, heu, sans doute, après avoir pesé le pour et le contre, ils et elles revenaient sur leur accord. Compatissons : ce n'est pas facile d'être député de la majorité...

Déjà, l'amendement avait été réduit dans sa portée puisqu'il n'autorisait le pacte qu'aux frères et sœurs, ce qui reconnaissons-le couvre la quasi-totalité du public concerné, mais n'est guère recevable au plan des principes.

Ceux qui refusent le PACS aux membres d'une famille le font d'abord en soutenant que le pacte civil étant un ersatz du mariage, l'autoriser reviendrait à officialiser l'inceste. On en revient finalement toujours à la même incohérence : le PACS ne saurait être un mariage et il faudrait qu'il en ait les caractéristiques, filiation, divorce et là encore définition d'une exclusion calquée sur celles du mariage.

Plus sérieusement, on peut remarquer que les revendications exprimées dans ces courriers sont des revendications strictement financières, fiscales ou sociales. Il n'y a pas, ou rarement, demande d'un statut juridique particulier, puisque ce statut existe déjà de par l'appartenance à une même famille. L'argument qui voudrait donc que les difficultés soulevées par mes interlocuteurs reçoivent des réponses adaptées par des aménagements ponctuels à la législation sociale et fiscale ne manque donc pas de pertinence. La ministre de la Justice aurait constitué un groupe de travail sur cette affaire à la Chancellerie.

C'est bien connu : quand on veut enterrer un dossier, on nomme un expert chargé d'un rapport qu'on met dans un tiroir, ou beaucoup mieux, un groupe de travail. Tout bénéfice : comme les experts sont plusieurs, le temps d'accorder leurs agendas et d'harmoniser leurs conclusions, le ministre a changé et parfois même la majorité gouvernementale. Que les puristes se rassurent, ce n'est sans doute pas avant plusieurs années que l'on prendra en compte la situation des fratries.

Frères humains, qui après nous vivez... nous avons le cœur bien endurci.

Ce que tu lieras sur la terre

> *« Les chrétiens dans l'enseignement public du Maine-et-Loire ont écrit au Père Orchampt pour qu'il rappelle en tant qu'évêque la légitimité du débat démocratique et le respect dû à toute personne. »*
>
> CEP 49
> (Paroisse universitaire/Équipes enseignantes)

Certes, de nombreux croyants avaient été profondément choqués par ce que le groupe catholique CEP 49 appelait dans un communiqué de presse une « lapidation médiatique » pour qualifier l'opération d'Avenir de la Culture. Mais, nonobstant ses outrances, cette association avait le mérite de poser une vraie interpellation dont l'élu catholique ne saurait se débarrasser d'un simple revers de main et rappelait que Jean-Paul II avait condamné l'opinion selon laquelle le politique devait séparer dans son action le domaine de la conscience privée de celui de l'action politique. Ainsi, alors que le débat sur la laïcité et les rapports de l'Église et de l'État qui ont animé pendant un siècle la vie publique semblait réglé, voilà qu'il resurgissait avec une violence inattendue.

Philippe Braud, professeur de science politique à Paris I, dans sa remarquable étude *Êtes-vous catholique... ?* [1], retrace le cheminement orageux de la République et du catholicisme.

La France, fille aînée de l'Église, avait vécu sous une monarchie absolue et très catholique et il était normal que la Révolution, acte fondateur de la démocratie et de la République, soit marquée par un rejet massif du catholicisme. En revanche, il est incompréhensible qu'aujourd'hui encore des républicains sincères nient que la Révolution française ait mené une entreprise massive de persécution des catholiques et ce n'est que depuis quelques années que l'on peut parler du populicide vendéen et de ses dizaines de milliers de morts. L'anticléricalisme a baigné l'histoire du XIXe siècle et de la première moitié du XXe avec des épisodes particulièrement douloureux quand les communards fusillent leurs otages aux rangs desquels se trouvent des ecclésias-

1. Philippe Braud, *Êtes-vous catholique... ?* Presses de Sciences-Po, « La Bibliothèque du Citoyen », octobre 1998.

tiques et le premier d'entre eux, l'archevêque de Paris. La catholique que je suis n'est pas peu surprise de constater le peu d'empressement à la repentance de la République et je partage l'opinion de Philippe Braud qui pense « *qu'à long terme, il est toujours coûteux socialement de minimiser les persécutions subies par un groupe et d'oublier la part positive qu'il a prise dans la construction du destin commun* ».

Il faut bien reconnaître aussi que l'Église s'est largement compromise avec les tenants de l'Ancien Régime tout au long du XIXe siècle. Les anticléricaux ont ainsi pu gouverner ce vieux pays catholique en excluant ses fidèles de toutes les fonctions publiques d'autorité et même en refusant le droit de vote aux femmes sur le slogan « vote de femme, vote de curé ». Réactionnaires de tous les clans, unissez-vous !

Certains vont même jusqu'à accuser l'Église de France de collaboration, alors que la simple justice voudrait que l'on reconnaisse que si l'épiscopat et de nombreux catholiques se sont ralliés à Vichy, les collaborateurs les plus virulents se recrutaient à gauche et que Pétain et Laval étaient athées. Il y avait de nombreux catholiques dans la Résistance, à commencer par le général de Gaulle, et les curés, moines et religieuses ont en sauvant tant d'enfants juifs sauvé l'honneur du catholicisme français. Les évêques de France se sont grandis quand, en décembre 1997, ils ont fait repentance à Drancy, et les donneurs de leçons républicaines feraient bien de les imiter.

Certes, quelques fanatiques instruisent encore le procès des catholiques comme « ennemis de la République », mais ils semblent avoir de plus en plus de mal à y croire eux-mêmes.

Les choses seraient certainement plus faciles si nous pouvions nous appuyer sur des déclarations claires du Vatican sur la légitimité et la nécessité de la laïcité. Certes, l'épiscopat français ne peut être accusé d'ambiguïté et l'évêque d'Angers en refusant de me condamner a bien rappelé ce principe. Néanmoins, depuis *Vehementer nos* en 1906 où Pie X qualifiait la séparation de l'Église et de l'État de « gravement injurieuse pour Dieu », aucun texte n'est venu légitimer la laïcité et Avenir de la Culture rappelait que Jean-Paul II dans *Evangelium vitae* se situait dans la même veine sur le fond encore que le ton en soit moins véhément.

Bien des lettres m'ont signifié avec force cette injonction papale avant d'en venir au fond du débat. *« Vous vous dites catholique et vous n'obéissez pas aux ordres de Notre Mère la Sainte Église : honte à vous (A.J.). » « Cela vous arrange de vous dire chrétienne pour mieux mener votre œuvre satanique (D.P.).* » « *Ce n'est pas acceptable de votre part surtout pour une personne catholique qui prétend donner des leçons d'Évangile (J.M.).* »

Les catholiques, élus ou simples citoyens, avaient le droit d'exposer la vision de l'Église dans le débat, et d'ailleurs, sur les questions de société, les représentants des grandes religions monothéistes sont consultés, comme nous l'avions fait à l'Observatoire de la parité quand nous recherchions les causes profondes de l'exclusion des femmes des lieux de pouvoir. Mais je suis de ceux et de celles qui pensent qu'un État moderne est d'abord un État laïque, non seulement respectueux des religions et des pratiques religieuses, mais les intégrant dans le patrimoine national commun comme fondatrices aussi de notre identité et de notre culture. Comment d'ailleurs des évêques pourraient-ils réclamer la régularisation de sans-papiers en majorité musulmans dans un pays à imperium vatican ? Pour autant, la République ne peut donc se contenter d'une laïcité qui serait simplement a-religieuse mais bien établir des valeurs et des lois qui permettent à chacun de se sentir partie prenante de la communauté.

Ce dilemme entre l'obéissance aux préceptes de la religion et les exigences de la vie en communauté est aussi posé à tous les croyants dans leur vie quotidienne et beaucoup ne le résolvent qu'en pratiquant la stratégie du « double standard ». Bien des interdictions de l'Église : contraception, avortement, relations sexuelles hors mariage, homosexualité, usage du préservatif, sont vécues comme des objurgations idéalisées, inaccessibles, mais que dans la vie de tous les jours, ma foi, on s'en arrange... J'avais été interloquée par le récit circonstancié des Journées mondiales de la Jeunesse que m'avait fait un jeune militant d'action catholique qui avait complété sa préparation spirituelle par l'achat d'une boîte de Prophyltex. Comme je lui rappelais en riant les ordres extrêmement sévères de Jean-Paul II sur le sujet, il m'avait dit avec un sérieux imperturbable que la foi ne protégeait pas du VIH. J'avais continué en lui assurant que l'abstinence, elle, en protégeait à 100 %, mais il semblait persuadé que la perfection n'est pas de ce monde et qu'en conséquence, il avait avisé avec son confesseur. On peut alors comprendre le malaise de nombre de théologiens français lors de la publication du *motu proprio Ad tuendam fidem* qui fermait complètement la porte sur cette stratégie du double standard qui permet aux 8 % de catholiques pratiquants de ce pays de tenir le choc. Je ne me résignerai jamais à voir « mon »

Église perdre sa substance alors qu'elle a tant à donner aux hommes et au monde et que tant de gens se précipitent pour célébrer des cultes ineptes, consulter des gourous et adhérer à des sectes qui ne sont que des pompes à fric. Si l'Église ne s'ouvre pas à ce qu'elle vient encore de violemment refuser : mariage des prêtres, accès des femmes à la prêtrise, nouvelles approches de la sexualité, démocratisation et transparence du fonctionnement interne, nos églises ne seront plus que des bâtiments historiques, simples virgules touristiques qui distrairont quelques secondes l'œil du vacancier qui se souviendra du catholicisme comme d'un culte druidique lointain. Je ne me résignerai pas non plus à la voir devenir une secte aux mains de quelques intégristes, charismatiques ou romains.

Tout au long de ce débat, j'ai reçu des témoignages de très nombreux prêtres qui m'ont assurée de leurs prières, de leur soutien, de leur amitié. Tous ces témoignages exprimaient aussi l'inquiétude pour ne pas dire le désespoir de voir leurs églises se vider et les vocations se raréfier. Dans vingt ans, le nombre des prêtres dans le diocèse d'Angers sera divisé par 10 ! Et alors que le débat sur le PACS battait son plein, un ami prêtre de quatre-vingt-trois ans m'apprenait qu'on le sortait de sa maison de retraite pour épauler un « jeune » de soixante ans, seul à desservir une paroisse d'une dizaine de communes. En guise de boutade, je lui lançai alors : « Mon Père, tant que l'Église se privera des services de la moitié de l'humanité, ne venez pas pleurnicher sur vos problèmes de recrutement ! » Un sénateur qui assistait à notre conversation maugréa : « Vous, Roselyne, avec vos idées modernes... » et le vieil abbé lui rétorqua doucement : « Oh, vous savez, monsieur le sénateur, là aussi, madame Bachelot a raison et nous serons bien obligés de céder également sur le célibat des prêtres. »

À travers ces lettres et ces conversations d'ecclésiastiques qui osaient délibérément s'affranchir du catholiquement correct, j'ai acquis la conviction que, sans doute, l'unanimité n'était que de façade et les lézardes profondes : la succession de Jean-Paul II risque d'être marquée de quelques soubresauts.

Cela étant, le débat a eu un effet paradoxal et somme toute assez amusant, celui de voir la hiérarchie catholique s'ériger en ardent défenseur du mariage républicain. Ainsi, l'abbé Y.J. proclame : *« Je considère le mariage civil comme une institution indispensable, facteur de cohésion sociale et de progrès »*. Moi aussi ! Il était bien entendu difficile à l'Église de se poser en strict défenseur du mariage catholique et de son éminente valeur sacramentelle puisqu'elle a voulu tenir un discours unanimiste. Je me suis alors souvenue de ce que mes directeurs spirituels – prêtres et religieuses – disaient du mariage civil, considéré comme un simple chiffon de papier, une formalité administrative qui ne donnait certainement pas le statut d'époux. D'ailleurs, avait rappelé l'aumônier qui avait prêché notre retraite de terminale, il n'y a pour l'Église aucune différence entre les couples simplement mariés à la mairie et ceux qui vivent en union libre.

Cela n'aura pas été le moindre mérite de cette polémique que de voir reconnaître la valeur structurante et civilisatrice d'une institution républicaine par une religion qui l'avait si longtemps dédaignée. Les optimistes y verront une bonne raison d'espérer.

Billets doux

> *« Et si vous demandiez qui sont ces hommes à visage d'hommes vivants, ces hommes habillés de joie simple et de confiance claire, le vent vous répondrait : ils sont vous-mêmes, tous enfin très ressemblant au visage parfait qui s'ignorait en vous. »*
>
> Claude Roy
> (cité par B. et J.-M.D.)

Catholique et Français toujours, disait le vieux cantique. Décidément, les deux engagements forts que m'ont transmis mes parents, la religion et la politique, ont été mis à rude épreuve. Si je me fais des soucis pour l'Église, je m'en fais encore plus pour la classe politique. Qu'elles expriment approbation ou condamnation, les huit mille lettres ont un point commun : l'extraordinaire crise de confiance entre les politiques et les citoyens.

Nous savons bien comment nous en sommes arrivés là.

La chute des idéologies dans les vieilles démocraties ne structure plus les formations politiques qu'autour des gamelles du pouvoir. Demain, si la gauche perd les élections, elle sera dans un état calamiteux, minée par des divisions auprès desquelles celles de l'opposition seront aimables bluettes. Les Verts et le PC ne supportent Lionel Jospin que parce qu'il est le grand distributeur des maroquins et des prébendes. Croyez-vous sérieusement qu'ils le reconnaîtront comme chef de l'opposition ? Il sera juste bon à jeter aux chiens. Exister dans l'opposition est le défi non relevé des partis européens, aggravé en France par le mode de financement strictement public des partis qui avantage outrageusement les partis dominants. Perdre les élections se traduit immédiatement par une crise de la structure : licenciements, déménagements, diminution des dotations aux échelons locaux, arrêt des publications. En perdant la moitié de ses députés, le Rassemblement pour la République n'a pas seulement perdu les élections et la confiance des électeurs, il a perdu ses moyens de fonctionner et le résultat des européennes va encore aggraver le processus.

Les Français sont également persuadés qu'il n'y a plus de différence entre la gauche et la droite ou du moins que ces différences n'ont plus de prise sur la réalité. Faire une campagne électorale en refusant la fermeture de Vilvorde, pour se coucher au conseil d'administration de Renault quinze jours plus tard, pleurnicher sur les sept mille postes supprimés chez Michelin en disant qu'on ne peut rien faire, ce n'est pas le discours de la méthode, c'est le cynisme pratiqué comme un des beaux-arts. À droite, faire ça, c'est normal puisque nous sommes décidément voués à jouer les méchants capitalistes, exploiteurs du peuple, ploutocrates et rien que des valets stipendiés du MEDEF. Mais la gauche avec sa générosité, son volontarisme économique, ses « changer la vie », à quoi ça sert ? À ce que M. Strauss-Kahn permette l'augmentation des *stock options* avec l'accord bienveillant de M. Gayssot ? Et on s'étonne qu'il y ait plus de 50 % d'abstentions aux européennes...

Et puis les Français croient que les hommes politiques ne sont pas honnêtes. Ils se trompent, bien sûr, la grande majorité est honnête mais ceux qui ont les doigts poisseux les ont trempés dans la marmite jusqu'à l'épaule. Ils sont à gauche, ils sont à droite.

Tous pourris, tous pareils, tous perdus.

Et pourtant, nos concitoyens voudraient croire.

Croire aux hommes : l'honnêteté, la fidélité aux convictions ne peuvent plus être un colifichet ou une option. Croire en l'homme, c'est accepter de dire qu'on s'est trompé, que la vérité n'est peut-être pas toujours dans le même camp, qu'une solution ne s'évalue plus en termes de bien et de mal – le bien, c'est nous, le mal, c'est eux –, mais dans le différentiel coût/bénéfices, avantages/risques, et savoir que les discours manichéens nous coupent un peu plus chaque jour des citoyens. C'est d'ailleurs un véritable cercle vicieux qui enferme le responsable politique : d'un côté, des troupes de militants raréfiées où sont restés les plus combatifs et souvent les plus radicaux, ne rêvant que plaies et bosses, et de l'autre une opinion publique qui réagit comme si l'on tapait dans un édredon.

Les responsables du RPR doivent tenir un discours musclé pour séduire les militants, ensuite faire volte-face pour reconquérir les Français. Quant à Jacques Chirac qui plane dans les sondages, il faudra pour gagner les présidentielles qu'il retrouve non pas l'affection qu'il n'a jamais perdue, mais la confiance de nos militants.

Croire aux femmes. Les lettres là sont innombrables et elles viennent surtout des hommes. « *Quelle leçon pour nous* (J.S.). » « *Que ce propos ait été tenu par une femme m'apaise* (D.D.). » Souvent quand je sillonne la campagne pour convaincre des auditoires parfois récalcitrants, inévitablement le réac de service se lève et me jette : « Et en quoi, vous serez meilleures que les hommes ? » La réponse en général fuse de la salle : « En tout cas, elles ne pourront pas être pires ! » Mais nous ne pouvons pas nous contenter d'être choisies par défaut. Il faut que nous soyons réellement meilleures, mieux formées, plus honnêtes, plus loyales dans nos amitiés, plus fermes dans nos convictions, plus tendres, plus humaines, plus courageuses. Des femmes, quoi !

Croire en la République. J'aime la France d'un amour profond mais comme la voyaient le général de Gaulle ou Charles Péguy sous une forme mystique, idéalisée, parfaite et presque inaccessible. La vivre dans sa réalité de chair et de sang, avec les hommes et les femmes qui la composent, imaginer les solutions qui rassemblent, transformer nos itinéraires individuels en une communauté de destins, faire descendre mon idole au seul niveau qui lui convienne, celui de notre cœur, c'est cela la République.

Table

Cet ouvrage a été réalisé par la
SOCIÉTÉ NOUVELLE FIRMIN-DIDOT (Mesnil-sur-l'Estrée)
pour le compte de LA LIBRAIRIE PLON

Achevé d'imprimer en septembre 1999

Imprimé en France
Dépôt légal : octobre 1999
N° d'édition : 13133 – N° d'impression : 48481